SOLEDADES

SOLEDADES

Antonio Machado

Edición, estudio y notas de
Dolores Romero López

UNIVERSITY
of
EXETER
PRESS

First published in 2006 by
University of Exeter Press
Reed Hall, Streatham Drive
Exeter EX4 4QR
UK
www.exeterpress.co.uk

British Library Cataloguing in Publication Data
A catalogue record for this book is available
from the British Library.

ISBN 10: 0 85989 764 8
ISBN 13: 978 0 85989 764 8

Typeset in 10/12pt Plantin Light by
Kestrel Data, Exeter, Devon

Printed and bound in Great Britain by
Athenaeum Press Ltd, Gateshead, Tyne & Wear

ÍNDICE

SOLEDADES

Agradecimientos

Quiero hacer constar aquí mi agradecimiento a la Casa Museo Unamuno de Salamanca, donde me facilitaron la primera edición de estas *Soledades* cuya dedicatoria manuscrita reza: "A Don Miguel de Unamuno, al sabio y al Poeta. Devotamente. Antonio Machado". Debo asimismo agradecer a los herederos de Antonio Machado su permiso para publicarlo y al Ministerio de Educación y Ciencia la concesión de una beca de investigación postdoctoral que me permitió investigar en el Reino Unido, donde ahora se publica el primer libro de este poeta universal. Mención especial merece el Profesor Dr. Richard A. Cardwell por sus siempre certeras y atinadas sugerencias.

INTRODUCCIÓN

A sólo un siglo de las primeras andanzas de Antonio Machado por los vericuetos de la literatura no parece justo concluir que su figura se encuentre agotada. Aunque eruditos críticos y poetas versados[1] nos hayan ofrecido un instruido elenco de datos y anécdotas, nunca está de más revisar los textos y trabajar con ellos como si de clásicos se tratara sedimentando el saber y el arte en el sustrato de la tradición. Es el estudio minucioso de las primeras *Soledades* de Antonio Machado[2] lo que motiva este nuevo acercamiento, a sabiendas de que otros pusieron ya suficientes piedras sobre el camino para hacerlo más accesible a la justa interpretación. No es mi propósito ahora recapitular todos los datos sobre la vida del autor, asequibles en cualquiera de las multiples ediciones de sus obras,[3] ni comentar detenidamente los temas de sus poesías,[4] ni siquiera determinar las etapas literarias[5] o esgrimir argumentos en pro o en contra de la calidad estética de algunos poemas. Esta edición de las *Soledades* tiene como meta principal constatar e interpretar las variantes y modulaciones llevadas a cabo sobre la edición de 1903 y justificar así la evolución íntima de Antonio Machado y por ende del período modernista al que éste comenzó adscribiéndose. Es necesario proceder, por tanto, al cotejo minucioso de los versos y al restablecimiento exacto de la época en la que las variantes se llevaron a cabo con el fin de situar al texto en el entorno que le dio vida.

No parece cabal concluir, como en su día lo hizo Luis Cernuda que "Machado nace formado enteramente y el paso del tiempo nada le añadirá, antes le quitará",[6] opinión corroborada por Ricardo Gullón[7] y compartida por R. de Zubiria.[8] Aunque es verdad que los mejores poemas de Antonio Machado fueron muy tempranos y en sus *Soledades* encontramos su más grata poesía, lo cierto es que, como apunta Dámaso Alonso, "en los primeros tiempos la releyó, corrigió y seleccionó con gran cuidado y muchas veces".[9] En 1903–4? dice Antonio Machado en carta a Juan Ramón: "No estoy muy satisfecho de las cosas que hago últimamente. *Estoy en un período de evolución* y todavía no he encontrado la forma de expresión de mi nueva poesía. Lo último que se domina es la forma"[10] [la cursiva es mía]. Queda clara, pues, la intención del poeta por superarse formalmente durante la época de refacturación de las primeras *Soledades*. Sin embargo, en la introducción a las *Páginas escogidas* decía Antonio Machado que era su "costumbre (de) no volver nunca sobre lo hecho y (de) no leer nada de cuanto escribo ([. . .])".[11] Esta afirmación no debe aplicarse a su primer libro; en él se han realizado numerosas correcciones.

Ahora bien, al demostrar la evolución concreta de un texto, cabe preguntarse si es lícito proyectar el mismo impacto sobre el discurso del período en que dicho volumen se enclava. En primer lugar parece oportuno recordar la similar evolución, hacia una estética más objetiva y alejada de los primeros presupuestos modernos que se vislumbra en las obras y actitudes de otros poetas como Miguel de Unamuno, Juan Ramón Jiménez o Manuel Machado. En segundo lugar debo reafirmar la idea foucaultiana de que las relaciones del discurso moderno implican, por un lado, una lucha contra el poder que les otorgó identidad, y por otro un punto de inflexión capaz de justificar la evolución de dicho discurso hacia posiciones más moderadas. Por ello, y antes de comentar las modulaciones sufridas por estas primeras *Soledades* me gustaría exponer aquí un panorama de la época en la que surge este libro.

I. Contextualización histórico-literaria

En 1892, fecha en la que Rubén Darío visitaba por primera vez España, hace amistad el nicaragüense con un grupo de intelectuales contra los que van a reaccionar, unos pocos años más tarde, nuestros primeros modernos. Me refiero concretamente a Gaspar Núñez de Arce, Ramón de Campoamor, Juan de Valera, Marcelino Menéndez y Pelayo, José Zorrilla, Emilia Pardo Bazán e ilustres personalidades de la España de la Restauración como Emilio Castelar y Cánovas del Castillo. Antonio Machado tenía entonces diecisiete años y ya había oído hablar con admiración[12] de quien le superaba en apenas ocho más. Cuando el 1 de enero de 1899 regresa por segunda vez a España el vate nicaragüense, lo que encuentra es un panorama de muertos, un cementerio de las letras:

Cánovas muerto; Ruíz Zorrilla, muerto; Castelar, des-
ilusionado y enfermo, Valera, ciego; Campoamor, mudo;
Menéndez y Pelayo . . . No está, por cierto España para
literaturas, amputada y doliente, vencida.[13]

La contemplación, de quien en la distancia y objetivamente, traza el
devenir de los nuevos talentos literarios deja visos de esperanza para
la regeneración estética en España:

Mientras más voy conociendo el mundo que aquí piensa y
escribe, veo que entre el montón trashumante hay almas de
excepción que miran las cosas con exactitud y buscan un
nuevo rumbo en la noche general.[14]

Y por último es un texto publicado en la revista *Helios* en 1904 el
que reproduce un pensamiento que se hace pleno eco del nuevo
grupo de modernistas:

Una fragancia de juventud en flor llega hasta nosotros. Voces
individuales, pero poderosas y firmes, dicen palabras de bien
y de verdad que el país comienza a escuchar. Hay un rumor.
¿Es una resurrección?

Desde los años que median entre las palabras de Rubén Darío en
1899, hasta las del nicaragüense en 1904, un cambio radical,
renovador y moderno, empieza a hacerse patente en la lírica
finisecular. No deben olvidarse los intentos de quienes han sido
considerados por la crítica, y especialmente por Richard Cardwell,[15]
como poetas premodernistas. Las obras de Salvador Rueda,
Manuel Reina, Ricardo Gil y Francisco A. de Icaza, entre otros,[16]
prepararon la revolución poética que Darío reclamó como suya.
1900 habrá de ser el año crucial para nuestra lírica. Se lleva a cabo
la publicación de *Piedras preciosas* de Salvador Rueda, con prólogo
del jovencísimo Gregorio Martínez Sierra, es el año, además, de la
edición de las *Odas* de Eduardo Marquina, con prólogo del mismo
autor, Juan Ramón Jiménez prologa el libro de Villaespesa, *La copa
del Rey de Thule*, y éste hace lo propio para el libro *Almas de violeta*
del poeta onubense; las *Ninfeas* de Juan Ramón las prologa Rubén
Darío. En todos estos libros se instaura ya una tópica literaria capaz
de enfrentarse dialécticamente contra la generación anterior. La
nueva estética imponía desencorsetar la lírica, convertirla en un

movimiento de libertad, corroborado por la inmensidad de críticas antimodernistas[17] que aportan la clave de la definición misma del modernismo. Bajo esa tenaz conciencia de lucha estética, de progreso y regeneración plástica, lo que se esconde es la conquista de la belleza. Olvidemos los versos moralizantes de Campoamor y Núñez de Arce, arrinconemos las decadencias de España, hay que forjar un nuevo ideal para la patria y para la literatura y conviene volver los ojos a la leyenda. Miguel de Unamuno lo expresa muy bien en su ensayo "Viejos y jóvenes",[18] donde reflexiona sobre la esperanza que supone un espíritu joven y el arte de saber morirse a tiempo de los viejos, lo que justifica la principal causa del progreso. De igual manera la estética moderna implica una lucha dialéctica contra los presupuestos del realismo y el naturalismo y la búsqueda de nuevos ideales. Los modernistas defienden una poesía basada en la armonía y no en la anécdota o el prosaísmo, como la cultivada por Ramón de Campoamor o Gaspar Nuñez de Arce. El poeta despierta al fabuloso mundo de las sensaciones. El color de las flores, de las piedras preciosas, el ritmo de la música, la risa y el perfume reviven en la memoria sensitiva del lector su experiencia personal. El problema que plantea la búsqueda de la belleza es quedarse sólo en la forma como lo hace la poesía parnasiana. Nuestros poetas perquieren, a través de la belleza formal, el bello espíritu, la ética estética. Ellos lidian, además, por sacar la lírica de su regionalismo y llevarla a la expresión universal y cosmopolita. A través del cosmopolismo enlazan con la tradición simbólica europea.

Este primer modernismo es de índole parnasiana, dariniana, como afirmará Juan Ramón Jiménez.[19] Poco tiempo después, tras la visita de los hermanos Machado a París y la estancia de Juan Ramón en Castel d'Andorte nuestra lírica se hará simbolista. Ha sido J. M. Aguirre[20] quien en su libro *Antonio Machado, poeta simbolista* ha ofrecido el más amplio horizonte de las raíces europeas de la poesía machadiana. Simbolistas propiamente dichos fueron George Rodenbach (1855–1898), Albert Samain (1858–1900), Jean Moréas (1856–1900), Stuart Merril (1863–1925), Emile Verhaeren (1855–1916), Laurent Tailhade (1856–1919), Pierre Louys (1870–1925), Henri de Régnier (1864–1936), Maurice Maeterlinck (1862–1949) y Paul Fort (1872–1960). La tendencia de la poesía simbolista francesa es imponer a la realidad una zona de misterio. El uso perfecto de lo arcano es lo que constituye el símbolo. Hacia 1880 se originan en Francia una serie de grupos literarios que publican en sus respectivas revistas credos estéticos revolucionarios. Su misión fue disimular el estado de decadencia a que habían llegado la sociedad burguesa. La principal preocupación de los simbolistas es engendrar poemas con ideas que justifiquen la necesidad de indagar en las relaciones del hombre con los demás seres y con la naturaleza. Es en esa justificación donde nace el símbolo; éste establece las correspondencias entre los objetos y los sentidos del poeta. Como afirma Álvarez Ortega[21] el simbolismo nació en un momento preciso de la historia literaria francesa, lo que no se sabe es cómo o cuándo termina. La irradiación de estas ideas parisinas se dejó sentir por todo el continente europeo.[22] El nuevo idealismo francés fue acogido con éxito por los modernistas españoles quienes celebraron su tristeza y la convirtieron en un estado creativo del alma. Ese matiz entronca con la veta krausista hispánica.[23] Unamuno, Jiménez, Machado, Azorín transmiten en sus obras un trajín espiritual, un deseo de saber que acompaña a la tristeza, a la melancolía y las palabras elegiacas de la juventud. Los escritores expresan así su descontento y su ansia de nueva vida. Se le concede al arte un efecto civilizador y de formación social. Confiriendo a la realidad cualidades inusitadas, los poetas experimentan nuevos estados de conciencia. Se desarrollan ciertos lugares comunes: el lenguaje de tono religioso y la riqueza del artificio, el pasado se recrea en el presente del poema mediante el arte, los sueños son la puerta del mundo interior, deseos de muerte y fuga de la realidad. El sentido profundo de desasosiego metafísico y pesimismo demoledor lo heredaron los simbolistas españoles de la generación romántica precedente (Bécquer, Rosalía y Espronceda). Su poesía, aun siendo amarga y negativa, es un acto vidente de afirmación absoluta. El poeta es el líder espiritual de unas cuantas almas selectas. Todo eso apunta al ideal krausista[24] de regeneración nacional por medio del arte con el que se debe vincular la estética modernista.

Entre Francia y España debió escribir Antonio Machado sus *Soledades*, cuya primera edición, realizada por la Imprenta de A. Álvarez en 1903, volvió a ser emitida con distintas solapas por la Imprenta Valero Díaz en 1904. Esta vez el ejemplar se vendía a una peseta, es decir, a mitad de precio que el original.[25] Se trataba, pues, como apunta G. Ribbans, de una reventa del material en stock.[26] Estas *Soledades* siguen las pautas del simbolismo decimonónico. La fuente, el agua, el muro, la hiedra o el jardín son explicables en cuanto sensaciones íntimas del yo lírico. Así lo confirma Antonio Machado en los siguientes versos de "La fuente":

Y doquiera que me halle, en mi memoria,
—sin que mis pasos a la fuente guíe—
el *símbolo enigmático* aparece . . .

Posteriormente en "Crepúsculo" ratifica:

Roja nostalgia el corazón sentía,
sueños bermejos, que en el alma brotan
de lo *inmenso inconsciente,*
cual de región caótica y sombría . . .

El símbolo enigmático, el inmenso inconsciente son la base de la belleza y la decadencia simbolista. No estimo conveniente dilatar aquí un tema que ya ha sido magníficamente tratado por J. M. Aguirre. Lo que nos llama la atención ahora es que no hay ningún poema original de la primera edición que no haya cambiado, aunque sea escasamente, en la de Pueyo, o en las revistas. Resta interpretar a la luz de sus relaciones literarias y las ideas estéticas de la época las variantes llevadas a cabo en *Soledades.* Sirva este escueto bosquejo de relaciones literarias para demostrar que las primeras *Soledades* machadianas se publican en tributo a los poetas con quienes Antonio Machado había entablado amistad durante la composición del libro. Por ellos su alma sintió verdadera admiración y estima. No creo necesario hacer prolija la anotación biográfica sino es para aportar algún rayo de luz al texto que más adelante se publica. Investigadores de alta talla y fino talento existen cuyos libros ilustran detalladamente la vida del universal sevillano. De ello dejo constancia en la bibliografía.

En la fecha de su traslado a Madrid, 1883,[27] Antonio Machado cumplía ocho años y su hermano Manuel nueve. En 1888, siendo ellos ya adolescentes, entablarán sus primeras relaciones literarias con los dos hijos de Rafael Calvo, director y primer actor del Teatro Español. A Manuel y Antonio Machado, Rafael y Ricardo Calvo se les uniría poco después Antonio de Zayas, dotado con idénticas aspiraciones poéticas y teatrales.[28] Noble, debió ser la admiración que el menor de los Machado profesó tanto a Antonio de Zayas como a Rafael Calvo a quienes dedicaría en 1903 la primera edición de sus *Soledades.* Por entonces, los dos hermanos asistían

asiduamente a la tertulia que se celebraba en casa de don Eduardo
Benot, lingüista, académico y ministro de la primera República, a
quien Antonio Machado consagra, con venerable aprecio, el poema
titulado "Fantasía de una noche de Abril" En el hogar del maestro
conocerán los Machado a políticos de la talla de Francisco Pi y
Margall y a otros poetas, entre los que descuella Salvador Rueda,[29]
reverenciado por los jóvenes al haber logrado publicar su libro *En
tropel* con "Pórtico" de Rubén Darío. Importa destacar en cuanto a
la relación literaria entre los hermanos, la admiración que siente
Manuel Machado hacia los poemas del menor en carta enviada a
Juan Ramón[30] con fecha del 30 de enero de 1903: "El lunes ó el
martes le enviaré los versos de Antonio, *Soledades* . . . que son
hermosísimos, aunque me esté mal el decirlo".[31] Al poeta onubense,
con quien debieron establar contacto tras su segundo viaje a la
capital francesa, dedica Antonio Machado el poema "Nocturno" de
sus *Soledades*. En el invierno de 1896–7, mientras Manuel Machado
estudia en Sevilla, D. Ramón del Valle-Inclán[32] vuelve de México y
se instala en Madrid. Allen W. Phillips ha apuntado que "no
sabemos con exactitud cómo y en qué fecha comenzó la amistad
entre Valle-Inclán y Antonio Machado".[33] Por lo que asegura el
autor de *Campos de Castilla* "Juan de Mairena conoció a Valle-
Inclán hacia el año 1895; escuchó de sus labios el relato de sus
andanzas en México, y fue uno de los tres compradores de su
primer libro, *Femeninas*".[34] Más fiables resultan los datos que aporta
Miguel Sánchez Ferrero al proponer que ambos poetas se trataron
en 1898, después del Desastre, en el café Lion d'Or. Es seguro que
ya en 1901, tras el incidente que D. Ramón del Valle-Inclán sufre
en Almadén, ambos autores habían mantenido estrechos lazos de
amistad pues el convaleciente gallego fue honrado con la visita de
Antonio Machado y Francisco Villaespesa.[35] En 1903 Antonio
Machado acompaña a D. Ramón a Granada para presenciar el
estreno del drama de Alfred Musset *Andrea Doria*. El respeto y la
admiración que el sevillano guardó hacia D. Ramón del Valle-Inclán
se cifró en otra dedicatoria; bajo "Salmodias de Abril" reza "A D.
Ramón del Valle-Inclán". La amistad con Francisco Villaespesa, a
quien Antonio Machado ofrenda su poema "Mai Piú", data de
finales de 1897, cuando Manuel y Antonio presentaron al autor de
La copa del rey de Thule a la que más tarde sería su mujer. En julio
de 1899 Antonio Machado viajó a París para reunirse con su
hermano instalado en la capital francesa desde el pasado mes
de marzo. Allí conocerán a Oscar Wilde, Jean Moréas, Anatole

France,[36] al joven Pío Baroja[37] . . . y se empapan de simbolismo a lo Verlaine.[38] Su segundo viaje a París lo realizaron en 1902. Ricardo Calvo[39] recuerda que Manuel Machado fue esta vez a París como invitado suyo. Antonio consigue un trabajo estival en la Embajada de Guatemala gracias a las influencias de Enrique Gómez Carrillo. Fue durante esta segunda estancia en la capital francesa cuando conocieron personalmente a Rubén Darío,[40] cuya amistad fue nuevamente honrada desde las *Soledades* con la dedicatoria que presenta el poema "Los cantos de los niños".

Primeramente Juan Ramón Jiménez publica en *El País* de 1903 un artículo donde alaba el primer libro de poemas escrito por Antonio Machado. Ese mismo año Miguel de Unamuno se refiere a las preocupaciones de Antonio Machado en una carta abierta hecha pública en *Helios*.[41] Posteriormente se realizaron otros estudios sobre esta primicia literaria entre los que hay que destacar el artículo de Lauxar,[42] el que Dámaso Alonso publicó por primera vez en 1949[43] sobre las poesías olvidadas de *Soledades;* el estudio de Ricardo Gullón[44] y el ensayo de Geoffrey Ribbans[45] que servirá de base a su "Prólogo" a *Soledades. Galerías. Otros poemas.*[46] En 1968 Rafael Ferreres publica la edición crítica de las primeras *Soledades;*[47] Cesare Segre hace público en 1970 su artículo "Sistema y estructura de las *Soledades* de Antonio Machado",[48] Màtyàs Horànyi edita en Budapest su libro *Las dos Soledades de Antonio Machado*[49] y Oreste Macrí en su edición de las obras completas[50] de Antonio Machado vuelve definitivamente sobre el estilo y las variantes de las primeras *Soledades*. Aún así no parece hoy agotado ni el tema, ni su contexto.

En mi estudio parto de las variantes textuales que emergen al contrastar las concordancias de las dos primeras ediciones de las *Soledades*[51] (1903 y 1907). Teniendo en cuenta que "el estudio de las variantes de la obra de un autor puede arrojar luz sobre los procedimientos de la crítica textual",[52] la intención básica de esta investigación es ver cómo a través de dos diferentes versiones de una obra se puede demostrar la evolución sufrida por el autor y, por ende, del período literario al que éste se vio adscrito. La comparación de las ediciones constata científicamente la depuración del modernismo hacia una estética más personalizada y demuestra un mayor grado de conciencia crítica en el poeta de 1907 frente al joven escritor de 1903.

Soy de la opinión de Cesare Segre al afirmar que "no tiene sentido buscar en la confrontación entre dos variantes correspondientes los motivos del cambio, si no se tiene en cuenta el texto en conjunto, las atracciones a distancia entre fragmentos en algún modo conectados, y finalmente las demás eventuales correcciones intervenidas en estos fragmentos".[53] Desde el momento en que los poemas se unen en cadena se ilustran recíprocamente.[54] En cada uno de ellos permanece latente el resto del poemario. Por este principio relacionante hay que tener en cuenta que aquellos significados implícitos en un libro de poemas pueden considerarse explícitos para el resto de artes o líricas afines. Por ello no me parece del todo justa la opinión vertida por Oreste Macrí en la "Introducción" a la obra *Poesía y prosa* de Antonio Machado donde se apunta, tras haber indicado alguna de las variantes de las ediciones de 1903 y 1907: "Pero adivinar el sentido de las lecciones variantes es ya penetrar en el heraclitismo, en las *donées inmédiates de la conscience* poética machadiana, por expresarlo con el título de la primera obra de Bergson".[55] Del estudio en conjunto de las variantes machadianas se alcanza, como apunta C. Segre, sustanciosas conclusiones. Tanto el detallado estudio de O. Macrí como el no menos erudito de G. Ribbans aluden obligadamente a las variantes del texto machadiano, pero dejan para otros investigadores el sabroso gusto de la interpretación al que ahora me someto. Primeramente parece oportuno tener en cuenta los siguientes esquemas aclaratorios:

POEMAS DE LA EDICIÓN DE 1903 CAMBIADOS EN LA DE 1907

1. Desolaciones y monotonías
TARDE "Fue una clara tarde"
LOS CANTOS DE LOS NIÑOS (A R. Darío) "Yo escucho"
LA NOCHE "Siempre fugitiva y siempre"
HORIZONTE "En una tarde clara"

2. Del camino
PRELUDIO "Mientras la sombra pasa de un santo amor"
I "Daba el reloj las doce . . . y eran doce"[1]
II "Sobre la tierra amarga"

---

1 En *Revista Ibérica*, 3, 20-VIII-1902, bajo el título "Del camino" y en *Los Lunes de El Imparcial*, 16-VII-1906, con el mismo epígrafe. Se indican en notas a pie de página las revistas donde se publicaron algunos de los poemas que integran la edición de *Soledades* (1903) y *Soledades. Galerías. Otros poemas* (1907).

III "En la miseria lenta del camino"[2]
V "Crear fiestas de amores"[3]
VI "Arde en tus ojos un misterio"
VII "¡Tenue rumor de túnicas que pasan"[4]
VIII "¡Oh, figuras del átrio, más humildes"[5]
IX "Quizás la tarde lenta todavía"[6]
X "Algunos lienzos del recuerdo tienen"[7]
XI "Crece en la plaza en sombra"
XII "Las áscuas de un crepúsculo morado"
XIII "¿Mi amor? . . . ¿Recuerdas, dime,"
XV "Me dijo un alba de la primavera"
XVI "¡Oh, dime, noche amiga, amada vieja"[8]

3. Salmodias de Abril
CANCIÓN "Abril florecía"
OCASO "Me dijo una tarde"
CAMPO "La vida hoy tiene ritmo"[9]
MAI PIÚ (A F. Villaespesa) "Era un mañana y Abril"
FANTASÍA DE UNA NOCHE DE ABRIL "Sevilla? . . ."[10]
TIERRA BAJA "El sueño bajo el sol que aturde"[11]
LA MAR ALEGRE "El casco roído y verdoso"

4. Humorismos
LA NORIA "La tarde caía"
EL CADALSO "La aurora asomaba"
GLOSA "Nuestas vidas son los ríos"

POEMAS DE LA EDICIÓN DE 1903 NO CAMBIADOS EN LA DE 1907

Ninguno

---

2 En *Los Lunes de El Imparcial*, 16-VII-1906, bajo el epígrafe general "Del camino".
3 En *Los Lunes de El Imparcial*, 16-VII-1906, bajo el epígrafe "Del camino".
4 En *Revista Ibérica*, 3, 20-VIII-1902, con el título general "Del camino".
5 En *Revista Ibérica*, 3, 20-VIII-1902, con el título general de "Del camino".
6 En *Revista Ibérica*, 3, 20-VIII-1902, con el título genérico "Del camino".
7 En *Revista Ibérica*, 3, 20-VIII-1902, bajo el título general de "Del camino".
8 En *Ateneo*, IV, 1907, con el título "¡Oh dime, noche amiga!"
9 *Revista Ibérica*, 4, 1902, con el título "Salmodias de abril".
10 En *Renacimiento*, 8, octubre, 1907.
11 En *Electra*, 6, 21-IV-1901, con el titutlo "Del camino".

POEMAS OLVIDADOS EN LA EDICIÓN DE PUEYO (1907)

1. **Desolaciones y monotonías**
   LA FUENTE "Desde la boca de un dragón"[12]
   INVIERNO "Hoy la carne aterida"
   CENIT "Me dijo el agua clara"
   EL MAR TRISTE "Palpita un mar de acero de olas"
   CREPÚSCULO "Caminé hacia la tarde de verano"
   OTOÑO "El cárdeno otoño"

2. **Del camino**
   IV "Dime, ilusión alegre"
   XIV "Siempre que sale el alma de la obscura galería"[13]

3. **Salmodias de Abril (a D. Ramón del Valle Inclán)**
   PRELUDIO "El pífano de Abril sonó en mi oído"[14]
   LA TARDE EN EL JARDÍN "Era una tarde de un jardín"
   NOCTURNO (a J. R. Jiménez) "Sobre el campo de abril"
   NEVERMORE "¡Amarga primavera!"[15]

4. **Humorismos**
   LA MUERTE "Aquel juglar burlesco"

POEMAS NUEVOS EN LA EDICIÓN DE 1907

1. **SOLEDADES**
   I EL VIAJERO "Está en la sala familiar"[16]
   II "He andado muchos caminos"[17]
   III "La plaza y los naranjos encendidos"[18]
   IV EN EL ENTIERRO DE UN AMIGO "Tierra le dieron"[19]
   V RECUERDO INFANTIL "Una tarde parda y fría"[20]

---

12 En *Electra*, I, 3, 30-III-1901.
13 En *Electra*, I, 3, 30-III-1901
14 En *Electra*, 9, 11-V-1901, con el título "Salmodias de abril".
15 *Electra*, 9, 11-V-1901.
16 *Renacimiento*, 1, marzo, 1907; *Ateneo*, IV, 1907.
17 Se publica en *Renacimiento*, 1, marzo, 1907, bajo el título de "Romance".
18 Hecho público en *Renacimiento*, 1, marzo, 1907, con el título "Apuntes".
19 *Renacimiento*, 1, marzo, 1907.
20 *Ateneo*, 1, 1906 y *Renacimiento*, 1, marzo, 1907.

★*21*

VII "El limonero lánguido suspende"*22*
★

IX ORILLAS DEL DUERO "Se ha asomado una cigüeña"
X "A la desierta plaza"*23*
XI "Yo voy soñando caminos"*24*
XII "Amada, el aura dice"
XIII "Hacia un ocaso radiante"*25*
XIV CANTE HONDO "Yo meditaba absorto, devanando"*26*
XV "La calle en sombra"*27*
★ ★

XVIII EL POETA "Maldiciendo su destino"
XIX "¡Verdes jardincillos!"

1.2. Del camino
★ ★ ★ ★

IV "El sol es un globo de fuego"
★ ★ ★ ★ ★ ★ ★ ★ ★ ★ ★

XVI "Al borde de un sendero nos sentamos"
XVII "Es una forma juvenil que un día"

1.3. Canciones y coplas
★II DE LA VIDA, COPLAS ELEGÍACAS, "¡Ay del que
llega"*28*
III INVENTARIO GALANTE "Tus ojos me recuerdan"*29*
★ ★ ★ ★ ★

---

21 Con el asterisco indico que en su lugar aparece un poema ya publicado en la edición de 1903.

22 Publicado en *Helios*, I, I, VII, julio, 1903, con el título "El poeta visita el patio de la casa en que nació".

23 En *Helios*, I, I, VII, julio, 1903, con el título "El poeta encuentra esta nota en su cartera".

24 En *Ateneo*, 1, 1906, con el título "Ensueños".

25 En *Los Lunes de El Imparcial*, 22-IX-1906 con el título "Soledades".

26 En *Los Lunes de El Imparcial*, 28-I-1907, bajo el título de "Soledades".

27 En *Renacimiento*, 1, marzo, 1907 con el título "En sueños".

28 En *Los Lunes de El Imparcial*, 28-I-1907, con el título "Soledades".

29 En *Blanco y Negro*, XIV, 699, 24-IX-1904 con el título "Inventarios galantes/ Canción".

1.4. Humorismos, fantasías, apuntes
★ ★

LAS MOSCAS "Vosotras, las familiares"
ELEGÍA DE UN MADRIGAL "Recuerdo que una tarde"
ACASO "Como atento no más a mi quimera"[30]
JARDÍN "Lejos de tu jardín quiera la tarde"
★

A UN NARANJO Y UN LIMONERO
LOS SUEÑOS MALOS
HASTÍO "Pasan las horas de hastío"
CONSEJOS "Este amor que quiere ser"
★

2. GALERÍAS

INTRODUCCIÓN "Leyendo, un claro día"
GALERÍAS
I "Desgarrada la nube, el arco iris"[31]
II "Y era el demonio de mi sueño el ángel"[32]
III "Desde el umbral de un sueño me llamaron"[33]
IV SUEÑO INFANTIL "Una clara noche"[34]
V "Si yo fuera un poeta"[35]
VI "Llamó a mi corazón"[36]
VII "Hoy buscarás en vano"[37]
VIII "Y nada importa ya que el vino de oro"[38]
IX "Tocados de otros días"
X "La casa tan querida"
XI "Ante el pálido lienzo"
XII "Tarde tranquila"
XIII "Yo, como Anacreonte"
XIV "¡Una tarde luminosa!"
XV "Es una tarde ceniciente y mústia"
XVI "Y no es verdad, dolor, yo te conozco"

---

30 En *Revista Latina*, 2, 30-X-1907.
31 En *Helios*, II, IV, 14, mayo, 1904, bajo el título "Galerías".
32 En *Helios*, I, II, XI, noviembre, 1903, con el título "Galerías".
33 En *Helios*, I, II, XI, noviembre, 1903, con el título general de "Galerías".
34 En *Helios*, I, II, XI, noviembre, 1903, con el título de "Tristezas".
35 En *Helios*, II, IV, 14, mayo, 1904, con el título de "Madrigal".
36 En *Helios*, I, II, XI, noviembre, 1903, con el título general de "Tristezas".
37 En *Helios*, I, II, XI, noviembre, 1903, con el título general de "Tristezas".
38 En *Helios*, I, II, XI, noviembre, 1903, bajo el título general de "Galerías".

---

39 En *Helios*, II, III, 11, febrero, 1904, bajo el título general de "Impresiones de otoño".

40 En *Helios*, II, III, 11, febrero, 1904 bajo el título general de "Impresiones de otoño".

41 En *Helios*, II, III, 11, febrero, 1904, con el título general de "Galerías".

42 En *La República de las Letras*, I, 3, 20-V-1905, con el título "Del camino".

43 En *Blanco y Negro*, XV, 759, 18-XI-1905, con el título de "Presentimientos".

44 En *Renacimiento Latino*, I, 1, abril, 1905.

45 En *Revista Latina*, I, 2, 30-X-1907, con el título general de "Galerías".

46 En *Revista Latina*, I, 2, 30-X-1907, bajo el epígrafe "Galerías".

47 En *Revista Latina*, I, 2, 30-X-1907, bajo el epígrafe general "Galerías".

48 En *Revista Latina*, I, 2, 30-X-1907, bajo el epígrafe "Galerías".

49 En *Revista Latina*, I, 2, 30-X-1907, bajo el título general de "Galerías".

50 En *Renacimiento*, 1, marzo, 1907, con el título "Ruidos".

51 En *Renacimiento*, 1, marzo, 1907, con el títutlo "Pesadillas".

52 En *Renacimiento*, 1, marzo, 1907, con el título "De la vida (coplas mundanas)".

II. Estudio de las variantes y modulaciones

1. Modificaciones que afectan exclusivamente a la separación estrófica

La mitad de las correcciones llevadas a cabo por Antonio Machado en la edición de Pueyo se basan en la separación estrófica o paraestrófica,[56] lo que aporta claridad física a los poemas. Los nuevos versos en blanco que criban las estrofas se convierten en vidrieras por donde penetra la diafanidad al poema haciéndolo más transparente a los sentidos. De lo cual se deduce la óptica racional y el espíritu crítico que se hospeda en la pluma de Antonio Machado al reescribir *Soledades*.

Los criterios básicos de separación estrófica son variados. Un grupo de estrofas mantienen un núcleo semántico cerrado y terminan en punto ortográfico, otros poseen núcleos semánticos incompletos y su significación se vierte en la estrofa que sigue. Asimismo encuentro escisión estrófica motivada por los diálogos del yo lírico con un interlocutor[57] y en terminaciones en dos versos significativos simbólicamente.[58] Además el estudio de la silva adquiere un particular atractivo. Veintisiete de las cuarenta y dos composiciones de las primeras *Soledades* son silvas, seis de ellas mantienen una rima consonante, diecinueve una rima asonante y dos tienen un tipo de rima libre-alterna. La silva, a pesar de ser un poema no estrófico, suele estar dividida en formas paraestróficas desiguales.[59] No ha de extrañar el distinto número de versos que contengan sus paraestrofas, debe despuntar, no obstante, la sistematicidad que Antonio Machado corrobora al separar las silvas en paraestrofas de cuatro versos aún careciendo estos de contenido semántico cerrado. En las primeras *Soledades* aparece la "silva arromanzada de endecasílabos y heptasílabos libremente combinados y sin otro enlace que la asonancia uniforme en los versos pares, serie menos corriente en el modernismo que la de metros fluctuantes de diversas medidas, la cual Machado ensayó una sola vez en la poesía amétrica 'Oh, tarde luminosa'".[60] Además, en 1903 en carta a Juan Ramón Jiménez, señalaba Antonio Machado: "mis versos asonantados tienen cierto color y fuerza de consonante como los versos de V. aconsonantados suenan lo mismo que sus romances. V. ha dado con la forma de sus poesías y yo creo que también".[61] La búsqueda de la asonancia en los versos y la separación estrófica en grupos de cuatro versos emparentan formalmente su poesía con aquella escrita en el romancero y que representaba la voz y el sentir del pueblo. La pregunta que surge inmediatamente es qué persigue Antonio Machado con este cambio y por quién se ve influenciado para llevarlo a cabo. Por ahora sólo apunto la influencia del krausismo y del poeta de Moguer. Juan Ramón Jiménez usó los romances en su primeros libros *Ninfeas* y *Almas de violeta*, utilizándolos con profusión a partir de *Arias tristes*. El romance es el germen del verso libre, al que se llega a través de la silva arromanzada. Incluso recordemos las palabras del poeta de Moguer a Ricardo Gullón a propósito de una conferencia suya sobre "El romance y los ríos de España". Dice el onubense: "estudiaré el romance dialectal, el moderno, el romántico . . . El romancero entra por todas partes en todos los momentos".[62] Esa búsqueda en las raíces del romance tradicional queda igualmente reflejada en las *Soledades* de Antonio Machado, como más tarde explicaré.

2. Modificaciones que afectan a cambios ordinales de un poema o a cambios de sección

El orden que estructura la edición de 1903 se mantiene en la de Pueyo. El proceso de configuración ordinal del nuevo libro estuvo netamente guiado por la mera inserción de poemas sobre la primera edición; la de 1907 destaca, a primera vista, por ser una edición más abultada respecto a la anterior. En el siguiente esquema se prueba palmariamente la organización del texto:

1903   **1907**

1. Desolaciones y monotonías—Soledades
                            I EL VIAJERO: "Está en la sala familiar"
                            II "He andado muchos caminos"
                            III "La plaza y los naranjos encendidos"
                            IV EN EL ENTIERRO DE UN
                                AMIGO "Tierra"
                            V RECUERDO INFANTIL "Una
                                tarde parda"
                            ★★★[63] **TARDE "Fue una tarde
                                triste" (VI)**[64]
                            VII "El limonero lánguido suspende"

Los cambios que el autor llevó a cabo se resumen así: 1. Poemas de 1903 que se endosan en la edición de 1907 con un funcionamiento textual diferente, dado que figuran junto a otros de nueva creación[68] 2. Poemas cuyo hueco, tras desaparecer, ha sido sustituido formalmente por otro[69] 3. Poemas eliminados sin dejar aparente rastro[70] 4. Poemas cuyo orden ha sido levemente modificado dentro de la misma sección[71] 5. Poema cambiado de sección.[72] Es difícil precisar con acierto el porqué de los cambios. No merece la pena esforzar la actitud crítica para justificar las modificaciones. Lo destacable es que la edición de Pueyo se asienta reposadamente en la *compositio* de la edición previa. Las dotes del nuevo poeta de 1907 se transparentan en la sección **Galerías o Varia**, y aún ahí se deja llevar por las intuiciones creativas de su primer libro.

Lo fundamental de dichos cambios surge cuando uno se pregunta por la fecha en la que Antonio Machado comienza a pensar en la transformación de su primer libro. La clave radica en el análisis de los poemas publicados en revistas. En 1901 se publicaba en *Electra* (6, 21-IV) el poema titulado "Tierra baja" con el epígrafe general de **Del camino**. Bajo este mismo encabezamiento figuran aquellos poemas impresos tanto en *Los Lunes del Imparcial* como en *Revista Ibérica*. Es, por tanto, el rótulo **Del camino** el que primeramente surge en la composición del libro o quizá sería oportuno apuntar que son esos versos los que Antonio Machado consideraba, por entonces, sus mejores composiciones, lo que determinó su publicación. Todos los poemas publicados en *Electra* en la temprana fecha de 1901 (excepto el anteriormente citado que pasó a formar parte de la sección **Salmodias de Abril**) desaparecen sin dejar rastro en la edición de 1907. La exclusión debió estar motivada por el tono romanticón y extremadamente parnasiano de estas primeras composiciones. El libro de 1903 supone una primera criba que organiza y perfila los poemas anteriormente publicados en revistas. Así lo demuestran las variantes impuestas en "Campo", "Tierra baja" o "La fuente". Inmediatamente después de ver la luz *Soledades*, Antonio Machado comienza a publicar en *Helios*, revista abanderada por Juan Ramón Jiménez, desconocidos versos bajo el epígrafe general de **Galerías**, que constituirán su renovada estética en la edición de 1907. En esos poemas se observa, ya desde 1903, una depuración de la estética romántica, modernista y anecdótica para encaminarse hacia los senderos del simbolismo autóctono o europeo y a la veta popular krausista. Un ejemplo de ello es la eliminación de los dos primeros versos ("El suelo de piedra y musgo: en las paredes / blancas agarra desgreñada higuera") del poema titulado "El poeta visita el patio de la casa en que nació", en el que tanto el título como su inicio confieren demasiado realismo a la escena. En el verso 23 de ese mismo poema se suprime "¡ay!", expresión ponderativa del sentimiento romántico. El título *Soledades* que no queda justificado en la edición de 1903 aparece recogido en los poemas publicados en *Los Lunes del Imparcial* (22-IX-1906 y 28-1-1907), lo que demuestra que a pesar de ser nuevas composiciones, el poeta es consciente de que se insertan dentro de su primer libro.

3. Transfiguración de la tópica

Desde 1898, año en el que Antonio Machado se inició en el oficio de la poesía, hasta 1907 fecha de publicación de la segunda y definitiva edición de *Soledades* han transcurrido casi diez años. En los últimos lustros del siglo XIX y los primeros años del XX se gesta en España el modernismo. Su tópica[73]—fuentes, jardines, ocasos, caminos, pueblos abandonados, ríos soñolientos, viejas leyendas, mujeres angelicales, sentimientos de melancolía, recuerdos . . . —hermana a conocidos poetas: los hermanos Machado, Villaespesa, Juan Ramón Jiménez, Rubén Darío, Ramón del Valle-Inclán, Miguel de Unamuno, Ramón Pérez de Ayala entre otros. Gracias a la precisión semántica y léxica que me han proporcionado los distintos grupos de concordancias realizadas sobre las principales obras del modernismo desde 1900 a 1907 puedo acotar aquella parte de la configuración tópica que cambia desde las *Soledades* de 1903 a las de 1907. Los conceptos tópicos del modernismo que han sido eliminados, sustituidos o reducidos en número en la edición de 1907 contribuyendo a la modulación de la tópica machadiana son: lentitud,[74] *lejanía*[75] y *risa*.[76] La lírica modernista evoluciona en busca de varias metas: objetividad expresiva, depuración de las reiteraciones y acendramiento del matiz simbólico. En 1903 el sentimiento simbolista de *lentitud* vital del yo lírico impregna desde la analogía conceptos como camino, corazón, rueca, campana y sus equivalentes matices simbólicos, la vida, la intimidad, el tiempo o la muerte; en los poemas de 1907, en cambio, la *lentitud* es un concepto objetivo: lento es el viejo mendigo, la hiedra que trepa por la pared y la noria movida por una mula vieja. El modernismo está dando sus recientes y paulatinos lances hacia una inédita forma de concebir la experiencia artística. Las reiteradas referencias a la *lejanía* han derivado en la configuración de un tópico romántico:

la huida espacio-temporal y también la nostalgia por el pueblo natal y la inocencia no mermada de la niñez. A través de la fuga el modernismo revela su estética del recuerdo apoyándose en conceptos como *viejo* o *lejano*, proyectados en la historia del yo lírico. Mediante las sensaciones del presente el artista se fuga simbólicamente al pasado y lo revive. Esta reviviscencia de lo *lejano* permite a Antonio Machado, por un lado, un conocimiento del secreto velo del tiempo y, por otro, la regeneración vital de su espíritu. El ansia del artista por recuperar el pasado se manifiesta en la necesidad del yo lírico por buscar historias *lejanas* o leyendas *antiguas*. El yo lírico de las *Soledades* pide a la fuente de lengua encantada del poema "Tarde" que le cuente su "alegre *leyenda* olvidada", a pesar de que ésta le responderá en términos negativos. Igualmente en "Los cantos de los niños", éstos cantan coplas "de *antiguas* leyendas". De la sarcástica *risa* romántica tenemos ejemplos en *El diablo mundo* de Espronceda ("Mi propia pena con mi risa insulto"), en el *Don Juan* de Byron ("And if I laugh at any mortal thing / 'Tis that I may not weep") y de Beaumerchais *Le mariage de Figaro* ("Je me presse de rire de tout de peur d'être obligé d'en pleurer".

Analicemos los cambios más estimables. En el poema "Tarde" el sintagma "el lento verano" fue sustituido por "tarde de verano". La *lentitud* se logra en 1907 mediante la prolongación de la aliteración motivada por el sonido de las dentales y alveolar vibrante simple. Incluso me atrevería a afirmar que el recurso técnico seleccionado es más pertinaz, dado el ritmo cronométrico de las repetitivas consonantes al evocar el tic-tac de un reloj. La modulación mejora la calidad técnica del poema deshaciendo una rima interna ("soñolienta" / "lento"), estilísticamente desacertada.

De las cinco veces que se repite el concepto "tarde" en el poema, una desaparece, manteniéndose las cuatro siguientes:

"Fué una tarde *lenta* del *lento* verano"
"Fué esta misma *lenta* tarde de verano"
"Fué una clara tarde del *lento* verano"

Antonio Machado pretende componer un poema con variaciones sobre un mismo tema: la tarde. El poema se gesta dentro de una estructura circular:

clara tarde ([. . .]) del *lento* verano (1903)
tarde *lenta* del *lento* verano
lenta tarde del verano
tarde de verano *vieja*
clara tarde del *lento* verano (1903 y 1907)

Semejantes variaciones se encuentran en la música de los
románticos alemanes y en la pintura de los impresionistas franceses.
Monet capta en su cuadro *La catedral de Ruán* cuatro soluciones
tonales diferentes de un mismo objeto. En Antonio Machado
prevalece la lenta y clara tarde de verano, evocadora del pasado,
sobre los colores de la historia particular. Busca el alma del
momento, el alma del pasado y su propia alma.

El poeta de 1907 no pretende hacer sentir al lector la lentitud a
través del léxico. Sus nuevas dotes poéticas le permiten hacer uso de
la retención sintáctica. Así ocurre en el poema final de **Galerías**,
"Húmedo está, bajo el laurel, el banco". En él se transparenta que
la central preocupación del poeta es el paso del tiempo. Intenta
refrenar sintácticamente las manezuelas del reloj. La anticipación
del complemento circunstancial de lugar en el primer verso
("Húmedo está, bajo el laurel, el banco"), el hipérbaton de la
segunda estrofa ("Del viento del otoño el tibio aliento / los céspedes
undula, ([. . .]"), y otros ejemplos de retención del complemento
directo o del verbo que se engloban dentro de la oración principal
("voy recordando versos juveniles") demuestran las destrezas que
ha adquirido el poeta para sugerir mediante mecanismos
estrictamente formales la nostalgia y el tono de meditación sombría
que reside en su finisecular espíritu.[77]

4. Cambios léxicos
Cada modificación léxica logra acicalar el contenido precisando
el valor de la palabra poética. Se analizan únicamente las
transformaciones más sobresalientes que emergen al contrastar las
dos primeras ediciones:

4.1. En "Tarde" se sustituye "sonó" por "golpeó" para acentuar
el sonido producido por el golpe de la férrea puerta al cerrarse.
Unos versos más adelante se sustituye "clara harmonía" por
"monotonía". La característica innata de la fuente machadiana es
precisamente su invariabilidad acústica. En 1903 se incurría en una
contradicción al afirmar que el agua de la fuente vertía "clara

harmonía" a pesar de no dejar a nadie penetrar en los misteriosos espejos del pasado. La monotonía temporal es herencia becqueriana. En la rima LVI leemos:

> Hoy como ayer, mañana como hoy,
> ¡y siempre igual!
> un cielo gris, un horizonte eterno,
> ¡y andar . . . andar! ([. . .])
> Voz que incesante con el mismo tono
> canta el mismo cantar;
> *gota de agua monótona que cae,*
> y cae sin cesar.
> Así van deslizándose los días
> unos de otros en pos,
> hoy lo mismo que ayer . . . y todos ellos
> sin goce ni dolor ([. . .]).

Esa "gota de agua monótona que cae" es el gozne creativo entre la amarga monotonía romántica y la absurda e invariable canción de la fuente modernista. Acertado debe considerarse el tercer cambio léxico, en el que se sustituye "triste" por "amarga". La monotonía frustrante de la fuente provoca más que tristeza, amargura y acritud.

4.2. En "Los cantos de los niños" el primer cambio es la sustitución de "coplas" por "cantos" para justificar el título. En la III parte se sustituye "A la paz en sombra" por "Jugando, á la sombra", mediante esta transformación el simbolismo interno del poema—la inocencia con la que se nos presenta el misterio de la vida—se agarra a la analogía que lo genera: unos niños que juegan cantando en corro viejas canciones.

4.3. Ya dentro de la sección **Del camino**, en el "Preludio", se reemplaza "leer" por "poner". El poema es un ofertorio de sensaciones a la mágica palabra poética, el verbo "poner" se aproxima semánticamente a "ofrecer", siendo ese significado más acertado que el que propone la simple lectura del salmo.

4.4. En el segundo poema de este apartado se permuta el adjetivo "sombrías" por "amigas". Dicho cambio confirma lo que Geoffrey Ribbans apunta en su edición de *Soledades. Galerías. Otros poemas.*

Con un solo término Antonio Machado ratifica su conciliación con las imágenes poéticas que le presenta el espejo de su mente. Los últimos versos de este poema demuestran que dichas quimeras son las que le abren el camino poético.

4.5. En el poema III de esta misma sección se sustituye la palabra "borrasca" por "tormenta", términos aparentemente sinónimos. En principio la alteración resulta gratuita, pero no lo es. "Borrasca" es al igual que "tormenta" un temporal en el mar con lluvia, viento y relámpagos. "Tormenta" posee, en cambio, una acepción que le conviene sobremanera al simbolismo de esta poesía: por "tormenta" entendemos la alteración violenta del estado de ánimo, además, el término presenta la misma raíz etimológica que "tormento", lo cual determina que se deguste con cierta satisfacción el valor simbólico impuesto por la etimología.

4.6. Es difícil justificar la reforma llevada a cabo en el poema V donde "en la enramada" es sustituido por "entre las ramas". Se logra conjeturar que fue cambio pretendido para ajustarse a un registro más coloquial, propósito que llevó a Antonio Machado a buscar un ejemplo de lenguaje llano de todos conocido: "Los eventos consuetudinarios que acontecen en la rue" se transforma en "Lo que pasa en la calle".

4.7. En el poema X se sustituye "juglar" por "titerero". "Juglar" frecuentemente viene asociado en la tópica machadiana con muerte. En el poema suprimido titulado precisamente "La muerte", ésta se encarna en la figura de un juglar burlesco que muestra al yo lírico el amargo retablo de la vida. El juglar canta las lágrimas ajenas; el "titerero" o "titiretero" es más apropiado en un contexto donde se manejan los recuerdos como figuras de títeres. Una variante de estos dos términos es el "histrión" que se cita en "¡Oh, dime, noche amiga, amada vieja", donde la indistinción entre la voz del poeta y aquella del "histrión grotesco" apunta hacia la búsqueda del ser auténtico.

4.8. En el poema XVI de la sección **Del camino** se sustituye "coplas" por "voces". Permuta consecuente si se pretende dar credibilidad a la hondura del misterio. En el poema TARDE se sustituía la palabra "copla" por "canto" y lo mismo ocurría en LOS CANTOS DE LOS NIÑOS. Antonio Machado era consciente de que había abusado de dicho término, repetido en un total de doce ocasiones a lo largo del poemario. De ahí que buscara algún oportuno y enriquecedor sinónimo en determinados contextos.

4.9. En la "Canción" de **Salmodias de Abril** ha sido reemplazado "lino" por "huso", y en la tercera parte se ha hecho lo propio con "rueca". La hermana mayor estaba enroscando el lino de la rueca en el huso, de ahí que, tras la muerte de ésta, el poeta diga que en el huso giraba el lino por mano invisible. Al imponer la presencia de una muchacha en el desarrollo de la acción, su ausencia acrecienta en el lector el dolor de su pérdida. Estos cambios enmiendan el error de creer que es la rueca la que gira. El huso es el instrumento manual, alargado y redondeado, que va adelgazándose hacia los extremos y sirve para devanar en él lo hilado. La rueca se componía de una vara delgada con un rocadero en la extremidad superior; en dicho armazón se depositaba el copo o porción de lana dispuesto para ser hilado.

4.10. En "Campo" ha sido permutada "blanca" por "rápida". En el contexto no se estima tan relevante el color de la corza sino su rapidez al hacerse inalcanzable para los deseos del yo lírico. También se han sustituido los sintagmas "se aroma de las gualdas velloritas" por "aroman las primeras velloritas". Sin duda hay que comentar que el hipérbaton del sujeto acrecienta el sentido poético; pero el motivo de este cambio se cierne exclusivamente sobre el adjetivo "gualdas", de resonancia demasiado modernista. Además las velloritas o primaveras son plantas de flores amarillas por lo que el adjetivo resulta redundante.

4.11. Otro cambio, a simple vista caprichoso, aparece en "Mai Più", donde se varía "alcoba triste" por "triste alcoba". El Oriente en la simbología machadiana contrae connotaciones de alegría y de dulzura. En la edición de 1903 el adjetivo "triste" puede ser entendido como un predicativo subjetivo que atribuye al Oriente esa inapropiada cualidad. En 1907 se antepone "triste" a "alcoba" convirtiéndolo en un adjetivo que únicamente permite calificar a ésta, dejando "Oriente" libre de anfibologías. En el mismo poema se sustituye "horizonte de rosa", propio del prosaísmo de un Campoamor, por el "horizonte dorado". El adjetivo "dorado" es más eficaz semánticamente para calificar el crepúsculo, además aporta ciertas resonancias simbólicas por las que fue utilizado en el mismo contexto por otros modernistas (Juan Ramón Jiménez, Azorín, Valle-Inclán, etc). Acertada modificación es "plañir" por "doblar", en dos ocasiones. El castellano admite "plañir" o "llorar" de dolor; las campanas de la iglesia, mensajeras del más allá, han de "doblar" o "tocar" a muerto.

4.12. En "Fantasía de una noche de Abril" la primera sustitución que se ha hecho es "que el éxtasis casto de llanto en la estrella / más casta del cielo!" por "que la solitaria matutina estrella / tan clara en el cielo!". El cambio viene motivado por la repetición cacofónica de "casto" / "casta". Así se logra quitar las connotaciones religiosas y femeninas propias del modernismo primero. Igualmente notable es la transformación de "que eleva las claras estrellas de Arabia" en "que evoca las claras estrellas de Arabia". Presumir que una copla pueda elevar aromas a las estrellas de Arabia es semánticamente insoportable. Sin embargo, sugerir que esa copla evoca las alturas, la perfección y las sensaciones es simbólicamente perfecto. Más adelante se reemplaza "acres" por "gayos". Antonio Machado utiliza la palabra "acres" siendo consciente de su uso culto, su significado—áspero o desabrido—no era adecuado para calificar a unos "dezires" antiguos. Mucho más le conviene al "deçir" el adjetivo "gayo", conocida es la acepción "gaya ciencia" que se refiere al arte de componer poesía en época medieval.

4.13. En "La mar alegre" se ha realizado una poda estrófica. Una vez quitada la escoria el poema resalta por su composición perfecta y su mimado paisaje, evocador de los cuadros de Sorolla, amigo de los hermanos Machado.

4.14. En "La noria" se sustituye el verso "del cristal que sueña" por el verso "que en el agua suena". "Cristal" que es una metáfora del agua ha sido reemplazado por su término real. "Sueña" lo ha sido por un homófono "suena", pues "Soñaba" aparece al principio de la estrofa.

Esta sucesión de cambios léxicos apunta la búsqueda del estilo pulcro y la palabra exacta. En el aspecto formal, en las *Soledades,* se encuentra a un joven y a veces inmaduro poeta que progresivamente evoluciona hacia su madurez. Posteriormente explicaré cómo, además, la pulcritud abarca no sólo el aspecto léxico-semántico sino el ideológico y estético. Su pretensión era la de deshacerse de retoricismos románticos, modernistas y realistas para buscar lo personal, el gusto por lo auténtico y la preocupación ética.

5. Cambios gráficos

Durante la preparación de esta edición de las *Soledades* he prestado especial atención a la tipografía, los errores de imprenta y la puntuación, que no habían sido estudiados sistemáticamente con anterioridad. Varios aspectos de la tipografía, acentos, mayúsculas o errores editoriales no plantean grandes problemas de edición pero hay que señalarlos. La primera edición de las *Soledades* veía la luz con una "Fe de erratas" al final. La mayoría de las transformaciones que allí constan son de índole ortográfico.[78] Las incorrecciones fueron subsanadas en la edición de 1907, que incorporaba ademásotras variantes gráficas: 1. "Zenit" cambia a "cenit" en el poema IX . En FANTASÍAS DE UNA NOCHE DE ABRIL "dezires", registro idiomático antiguo, se transforma en "decires" con grafía modernizada. 2. "áscua" pasa a estar correctamente escrito en el poema XII. 3. Frente a las normas aceptadas por nuestra gramática, los monosílabos "fué"," á", y "ó" figuran con tilde en ambas ediciones de lo que se desprende que era preceptiva su acentuación. 4. Otra rareza gráfica es la letra mayúscula con la que se escriben tres palabras, Oriente, Primavera y Abril, dada su relevancia semántica y tópica. 5. Otras dos palabras deberían haber formado parte de la "Fe de erratas". Se trata de "canjilón" donde debería leerse "cangilón"[79] y "trajedia" donde debería haberse escrito "tragedia".[80] No queda que sepamos ningún testimonio sobre la corrección de pruebas de este libro y es aventurado dar una respuesta tajante sobre quién cometiera estos flagrantes errores.

Además los dígitos romanos reemplazan ahora aquellos evocadores títulos.[81] Las subdivisiones internas, que en 1903 venían precedidas de esos números, figuran en la de 1907 con asteriscos.[82] El diálogo puede estar indicado con un guión o sin él. Sin duda los guiones de diálogo añaden comprensión al texto pero el uso que Antonio Machado hace de ellos no es coherente. En el poema "Tarde" leemos:

La fuente cantaba: ¿Te recuerda, hermano,
un sueño lejano mi canto presente? . . .
Fue una tarde lenta del lento verano.

Respondí a la fuente:
No recuerdo, hermana,
más sé que tu copla presente es lejana. ([. . .])

—No sé qué me dice tu copla riente
de ensueños lejanos, hermana la fuente. ([. . .])
—Yo no se leyendas de antigua alegría,
sino historias viejas de melancolía.

¿Por qué la voz del poeta unas veces se marca con un guión y
otras no? Otro ejemplo es el poema I de **Del camino** ". . . ¡Mi
hora!-grité- . . . El silencio / me respondió: -No temas: / tú no verás
caer la última gota / que en la clepsidra tiembla" ¿Por qué la voz del
poeta no viene marcada con guión y sí lo está la voz de la muerte?
El único argumento congruente para justificar la asistematicidad en
la indicación o no de guiones en los diálogos es considerarlos como
un acto voluntario del poeta para asemejar sus poemas con la forma
tradicional de las colecciones de romances. Lo que enfatiza una vez
más la denodada búsqueda de su sentir poético por enraizarse con
aquel que late en el pueblo.

El uso de las comas no ofrece menos dificultades de inter-
pretación, principalmente porque se puede aducir que han sido
cambiadas o integradas por el editor. Presumamos que Antonio
Machado estuvo implicado en la revisión de comas de sus poemas:
Tres han sido borradas de la edición de 1903, diez añadidas y se ha
cambiado en una sola ocasión los dos puntos por punto y coma y en
otra la coma ha reemplazado al punto y coma. Algunas pausas
halladas en la versión de 1907 sobre poemas editados por primera
vez en 1903 demuestran la reciente sensibilidad lingüística y
gramatical adquirida por el poeta. A veces la nueva coma impone la
función de vocativo a un nombre ("tu monotonía / *alegre es más
triste que la pena mía*" (1903) vs. "tu monotonía, / fuente, es más
amarga que la pena mía") otras permite la anticipación de un
complemento preposicional ("A la paz en sombra / de una plaza
vieja / los niños cantaban . . ." (1903) vs. "Jugando, á la sombra / de
una plaza vieja, / los niños cantaban . . .). Otras comas sirven para
enfatizar la pausa final[83] de verso o mitad de verso.[84] En general se
observa que Antonio Machado coloca los signos de puntuación más
como poeta que como gramático, es decir, para indicar pausas y
enfatizar el valor de las palabras y sus resonancias. No obstante el
uso de la coma no está regularizado no habiendo sido eliminadas

las comas analógicas al final de verso, lo que parece ser un denominador común a todos los poetas modernos.

6. Sustitución de títulos en los poemas y en las secciones

He propuesto anteriormente que la tópica al uso en la época queda difuminada tras la sustitución o supresión de algunos conceptos. Aún más emblemática resulta la eliminación de la mayor parte de los títulos[85] y de las dedicatorias que engalanaban algunos poemas de 1903,[86] lo que contribuyó a bajar el furor modernista en la edición de Pueyo.

En cuanto a la renovación de los títulos en las secciones, es lícito excusarlo por dos motivos: la justificación del título del libro y la supresión de connotaciones modernistas. En 1903 el libro *Soledades* se dividía así: **Desolaciones y monotonías, Del camino, Salmodias de Abril, Humorismos**. En cambio en 1907 se presenta la siguiente división: **Soledades (Del camino, Canciones y coplas, Humorismos, Fantasías, Apuntes), Galerías, Varia**. Es decir, se ha sustituido **Desolaciones y monotonías, Del camino, Salmodias de Abril, Humorismos** por **Soledades** lo que motiva, ahora sí, el título del libro. En la edición de 1907 las **Soledades** contienen las cuatro subsecciones que en 1903 aparecían exentas. Antonio Machado era consciente de que todo ese material pertenecía a su primer libro. Lo que trae de nuevo la edición de 1907 son las **Galerías y Varia**. Por ello el libro de 1907 se titula *Soledades. Galerías. Otros poemas*. La sustitución de la sección **Salmodias de Abril** por **Canciones y Coplas** se debe a que se han suprimido el "Preludio" y el "Nocturno", que eran los poemas que junto con "Canción" y "Fantasía de una noche de Abril" justificaban el título de esta sección. El título **Canciones** únicamente parece justificable si se recuerda que es el poema "Canción", ahora sin título, el que figura en primer término. **Humorismos** pasa a denominarse **Humorismos, Fantasías, Apuntes** una vez trasladado aquí "Fantasías de una noche de Abril", habiéndose dejado llevar de nuevo en sus modificaciones por el cambio suplantado. Ni siquiera **Galerías** es enteramente original. Ya en la edición de 1903 en el suprimido poema XIV de la sección **Del camino** se baraja la idea simbolista de que el alma contiene galerías de ensueño, matiz que ha sabido permanecer en la edición de Pueyo.

III. Interpretación de las variantes y modulaciones a la luz del contexto histórico y literario

Queda ahora justificar la coherencia y sistematicidad de los cambios llevados a cabo para terminan aduciendo las posibles causas e influencias que los motivaron.

Es difícil escoger un sólo poema que demuestre las características de su temprano estilo. Quizá es TARDE, con el que se abre *Soledades*, el poema que Antonio Machado considera más representativo dentro del conjunto. En él destacan dos elementos: el diálogo consigo mismo y la melancolía del paisaje. Dichos elementos están enlazados formalmente a través de la imagen visual de un poeta que conversa con la fuente durante una tarde de verano. El sentimiento que subyace en el yo lírico es el de melancolía y añoranza de ensueños lejanos. El contraste entre tiempos pretéritos evocadores de lejanas alegrías y el nostálgico presente, asocia su poesía con aquella escrita por los románticos, inquietos siempre en lo espacial y temporal. Espronceda, por ejemplo, en *El estudiante de Salamanca* hace referencia al "bien pasado, el dolor presente". Sin embargo en este poema las emociones son menos violentas que las románticas y el poeta sabe introducir una imaginería típicamente modernista: la tarde, el jardín abandonado, la fuente. Merece la pena insistir en el aspecto simbólico: el poeta presenta al jardín como imagen de su alma y a la fuente como aliada de su pensamiento. El paisaje ofrece una pantalla donde el poeta contempla sus pesares.

Romanticismo, modernismo y anécdota acicalan su temprano hacer. En el proceso de madurez personal su poesía se va destapando de los afeites que antes la impregnaron y emana ahora un aroma diferente, cargado de ética social y agudo sentido poético. Son tres,[87] a nuestro entender, los aspectos que aglutinan todos los cambios llevados a cabo sobre la primera edición de las *Soledades*.

1. Se sustituye las lamentaciones románticas por el fortalecimiento de las emociones personales. En el primera versión de "La fuente" (*Electra*, 1901) se alude hiperbólicamente a:

> "mil tardes soñadoras he pasado,
> de una inerte *congoja* sorprendido,
> el símbolo admirando de agua y piedra,
> y a su *misterio* unido
> por invisible abrazadora *hiedra*"

La inerte "congoja" que inspira al corazón del poeta de 1901 desaparece en la versión de 1903. En ésta se mantienen el romántico misterio y la hiedra, conceptos ambos que heredará el simbolismo. Igualmente desaparecen en la versión de 1907 términos como "sombrías", "miseria", "miserables", "juglar" sustituidos respectivamente por "amigas", "desnuda", "0", "titiritero". La evocación de la muerte en el último poema descartado se presenta bajo la forma macabra y lúgubre de un juglar. En la versión de 1907 la muerte sigue estando presente, pero no bajo románticas evocaciones sarcásticas sino como lamentación de una ausencia. El poeta va sustituyendo sus desdichadas emociones por otras de carácter más racionales u objetivas. No obstante, *Soledades. Galerías. Otros poemas* sigue impregnado de cierta nostalgia y ensueño que constituyen la profundidad de la belleza simbolista que se eterniza en la poesía.

2. Criba de expresiones fervorosas del primer modernismo. El poema "La fuente" (*Electra*, 1901) contiene rasgos parnasianos ("bárbaro cincel", "estatua ruda", "pretil de jaspe", "penacho de armonías", "espalda del titán") que desaparecen en la versión publicada en 1903. Lo mismo podría aducirse con respecto al poema "Campo" en el que las "gualdas vellorías" (1903) pasan a ser "primeras vellorías" (1907). Romanticismo y modernismo coexisten, pero evidencian una difuminación de sus más estridentes motivos. El antimodernismo no sólo se recoge vía sustitución léxica sino en la omisión de poemas en colecciones posteriores. Los trece poemas descartados en la edición de 1907 son, como propone Richard Cardwell, "de calidad inferior o demasiado ricos en ecos de la poesía francesa o rubendariana, quizá modernista, que representaban *Ninfeas* y *La copa del rey de Thule* de Jiménez y Villaespesa".[88] Aun siendo cierto que los poemas olvidados poseen ostensible vocabulario exótico— "dragón", "bergantín", "canturía", "lira", "sibilante", "azul", "mirra", "cárdeno", "cítaras", "lirio", "criaderos de oro", "Pífano de abril", . . . —, podríamos preguntarnos por qué no desechó, por ejemplo, el poema titulado "Fantasía de una noche de Abril" donde se utilizan no pocos de estos sonoros vocablos. Es atinado interpretar este poema como un *collage* de "citas y autocitas para inventar una parodia ingeniosa del modernismo romántico de la primera promoción (establecida por Jiménez y Villaespesa 1900)".[89]

3. Se desvanece lo anecdótico prevaleciendo el aspecto simbólico. En los poemas suprimidos se deja demasiado espacio a la

anécdota. Algunos poemas han desaparecido porque había otros de similar temática y mejor factura simbólica. Este es el caso, por ejemplo, de "La fuente", "Cenit" y "La tarde en el jardín" cuyo motivo primordial es la fuente, sacrificados en favor de "Tarde" de hechura más cumplida. El "Preludio", "Nocturno" y "Nevermore" coinciden en sus alusiones al mes de Abril, soñador y sombrío, y fueron inmolados en favor de "Mai Piú". "Mar triste", de romántica y barroca factura, desaparece dejando su huella plasmada en otro de similar temática, "Mar alegre", más insinuante y refinado. Pareja causa justifica la desaparición de "Crepúsculo" en favor de "Horizonte", menos sonoro pero más sugerente. "Otoño" con sus alusiones a los "salmos", a las "frondas muertas" y a la "amarga tierra" queda asimilado en otros poemas como el "Preludio" y II de **Del Camino**. Un segundo grupo de poemas—"Invierno", XIV, "La muerte"—contienen imágenes que sin duda inspiraron otros versos de *Soledades. Galerías. Otros poemas*. Así por ejemplo los versos de "Invierno" que rezan "Tras el cristal de la ventana, / turbio, la tarde parda y rencorosa" traen a la memoria aquellos del "Recuerdo infantil" "Una tarde parda y fría / de invierno. Los colegiales / estudian. Monotonía / de lluvia tras los cristales". El continuo intento de suprimir lo anecdótico, lo documental humano, queda reflejado poéticamente en el poema "Los cantos de los niños": "En los labios niños, / las canciones llevan / confusa la historia / y clara la pena; / ([...]) Cantaban los niños / canciones ingenuas, / de un algo que pasa / y que nunca llega, / la historia confusa / y clara la pena". El poeta encierra de este modo el vacío que existe entre lo personal y lo universal, entre la historia y la intrahistoria.

Antonio Machado ha perfeccionado su texto y le ha limpiado de retóricas ajenas. El proceso de acicalamiento comienza antes de la publicación de *Soledades* y continúa inmediatamente después. En 1903 apareció en *Helios* el poema titulado "El poeta visita el patio de la casa en que nació", donde se sustituye "fuente límpida" por "fuente limpia" (1907). La supresión del esdrújulo latinismo presupone el aniquilamiento de la connotación modernista y demuestra el extremo cuidado que tuvo Antonio Machado al publicar la edición de 1907. Este sumario de innovaciones no se completa hasta ver la luz en 1928 la segunda edición de sus *Poesías completas*,[90] donde la última estrofa de aquel antiguo poema titulado "Los cantos de los niños" ("Vertía la fuente / su eterna conseja: / borrada la historia / contaba la pena"), es sustituida por "Seguía su cuento / la fuente serena; borrada la historia; contaba la pena". La elección de "eterna" por "serena" acentúa el sentido armónico-realista sin perder su valor simbólico. La sustitución de "conseja" por "cuento" aporta al verso más neutralidad. "Conseja" es palabra arcaica y probablemente de uso regional minoritario. En la versión de 1907 el énfasis no se pone en la lamentación romántica o el exotismo parnasiano, sino en la del exquisito gozo del ambiente que le rodea. Invita a sus lectores no a lamentar o cantar sino a experimentar, buscar secretos, y encontrar en ello una forma de eternidad. En torno a la fecha de la publicación de *Soledades. Galerías. Otros poemas* debió componer su poema "Retrato", publicado más tarde (1912) en *Campos de Castilla*. En dicho poema resume perfectamente los cambios estéticos llevados a cabo durante la primera época:

> "mi verso brota de manantial sereno" ([. . .])
> "Adoro la hermosura, y en la moderna estética
> corté las viejas rosas del huerto de Ronsard;
> mas no amo los afeites de la actual cosmética,
> ni soy un ave de esas del nuevo gay-trinar.
> Desdeño las romanzas de los tenores huecos
> y el coro de los grillos que cantan a la luna.
> A distinguir me paro las voces de los ecos,
> y escucho solamente, entre las voces, una.
> ¿Soy clásico o romántico? No sé. Dejar quisiera
> mi verso, como deja el capitán su espada:
> famosa por la mano viril que la blandiera,
> no por el docto oficio del forjador preciada. ([. . .])

Estos versos, tantas veces interpretados, los he querido traer aquí para justificar con palabras del propio autor lo que he venido analizando detalladamente.

Aún el camino de la interpretación no queda expedito. Es preciso preguntarnos cuáles fueron los factores que determinaron las modificaciones del texto de 1903 cuando volvió a imprimirlo en 1907. En primer lugar habría que contar con el ambiente perfeccionista que se respiraba entre los integrantes del grupo de *Helios* y en segundo lugar la amistad con D. Miguel de Unamuno, por entonces acérrimo luchador antimodernista.

Como ha demostrado Patricia McDermott[91] hacia el año 1904 la guerra literaria entre los tradicionalistas y los modernos había

terminado. Fue el grupo *Helios* y no Darío quien ganó la batalla.
El antimodernismo calificaba a los modernistas de excéntricos,
histriónicos, degenerados y pornográficos. *Helios* da respuesta a
todas estas acusaciones y su líder, Juan Ramón Jiménez, utilizará el
arma de la seriedad intelectual y la perfección técnica. Así se lo da a
conocer al maestro Rubén Darío en una carta[92] donde el moguereño
habla de una revista literaria "seria y fina", "cosa madura y bien
calculada", "vamos a hacer una revista que sea alimento espiritual;
revista de ensueño ([. . .]) En fin basta con esta afirmación: es una
cosa seria". Y Darío le responde:

> Además no he de ocultar que es la condición de seriedad en
> que usted insiste la que más me halaga. Hay que demostrar
> con hechos, con obras, con ideas, con muchas ideas, a los
> otros, que se sabe tanto como ellos, que se puede tanto como
> ellos, y que se vuela más alto que ellos. Y hay que borrar toda
> divisa, y no mentar nombre de escuela. Seriedad es ya un
> excelente programa.[93]

Este ambiente que fomenta la obra perfecta y el suprimir todo
distintivo de escuela influyó en Antonio Machado quien asistía
como poeta al sanatorio del Rosario a visitar a su amigo Juan
Ramón, que como él había estado en Francia. Allí Gregorio
Martínez Sierra, Pedro González Blanco, Ramón Pérez de Ayala y
Carlos Navarro Lamarca junto con Antonio Machado y Juan
Ramón discutían sobre la perfección y la belleza. Evidentemente en
el grupo faltaba el modernismo exotista de Francisco Villaespesa
quien por aquel entonces estaba ausente. Quizá como apunta
Patricia McDermott su ausencia fue deliberada ya que es
precisamente el representante de ese modernismo superficial que
tanto Antonio Machado como Juan Ramón Jiménez querían
combatir. Es en este momento cuando Antonio Machado comienza
a cuestionar y perfeccionar su estilo. Su poesía pasa por el tamiz de
la primera madurez intelectual.

No menos influyente se muestra la amistad epistolar que Antonio
Machado entabla con Miguel de Unamuno.[94] El autor de *Poesías*
(1907), en carta abierta hecha pública en el número de agosto de
1903 en *Helios*, le recomienda al poeta sevillano:

> [H]uya sobre todo del "arte por el arte", del arte de los artistas,
> hecho por ellos para ellos solos. Es como cuando un pianista

se presenta al público a tocar piezas difíciles, ejercicios de predisgitación, virtuosidades en fin. Eso es un insulto y es un insulto al público darles serventesios, madrigales, pastorelas, cantigas o cualquier otra antigualla a la manera de éste o de aquél. Que no se vea en Vd. el profesional, por Dios, dé usted cosas sin mote y a la manera de usted. ([. . .]) Bueno es que busque su arte en la vida, y en la vida sin arte reflexivo, pero mejor será que afirme su propia estética y acepte la batalla en su terreno. Hago lo que yo hago cuando me vienen con retóricas los cinceladores de frases frías y huecas, y me hablan de la forma, y es que replico.[95]

Esos consejos amables y a la vez tenaces que le sugiere D. Miguel de Unamuno a Antonio Machado debieron obligarle a releer su poesía, a perfeccionar su técnica. Posteriormente en febrero de 1904 Antonio Machado publicó un poema titulado significativamente "Luz" en la revista *Alma española*. Tiene la dedicatoria "A D. Miguel de Unamuno en prueba de mi admiración y de mi gratitud" y rezan algunos de sus versos:

([. . .]) *yo te daré la gloria del poeta,*
me dijo, a cambio de una sola lágrima. ([. . .])
Pero, en tu alma de verdad, poeta,
sean *puro cristal* risas y lágrimas,
sea tu corazón *arca de amores*
vaso florido, sombra perfumada.

Lo cristalino, lo arcano, lo auténtico deben constituir la estética de la verdadera poesía. Antonio Machado, con este poema no sólo expresa su entusiasmo sino también su agradecimiento por el cariñoso tono de sus cartas y de sus consejos. Gerardo Diego afirmó en "Presencia de Unamuno, poeta"[96] que el primer discípulo de Unamuno fue Antonio Machado, "él realizó el ideal poético de D. Miguel". Afirma G. Ribbans en su libro *Niebla y soledad*:

Podemos hacer remontar la fecha en que Machado empezó a abandonar aquella primera actitud a los años 1903 y 1904, cuando escribió Unamuno las dos cartas que nos ocupan. En la primera citada en *Vida y arte* Machado reconoce de modo muy específico que está cambiando de orientación de lo que cabe deducir que se refiere al paso del enfoque subjetivista y

fragmentario arriba descrito a otro que consistía en amar la
vida y odiar el arte.[97]

Estas palabras justifican suficientemente la influencia que Miguel de
Unamuno ejerció sobre Antonio Machado. A partir de este
momento el sevillano se sentirá atraído por un criterio creativo
más objetivo, social y humano. Sin embargo ha sido Richard A.
Cardwell en su artículo "Antonio Machado, la Institución y el
idealismo finisecular"[98] quien con su habitual agudeza y
conocimiento de la época ha reinterpretado la labor llevada a
cabo por Geoffrey Ribbans enfocando los cambios realizados por
Antonio Machado sobre la edición de 1903 como frutos de la
transformación intelectual de la época. Esta aproximación viene a
corroborar mi intención primera de justificar la evolución de
Antonio Machado paralelamente a la sufrida por el fenómeno
modernista. En definitiva son las ideas krausistas de belleza y bien
alcanzables mediante la preparación profesional y laboriosa,
expresadas en los *Ensayos* de Giner del Río,[99] las que laten tras las
convicciones morales y estéticas de Miguel de Unamuno y Juan
Ramón Jiménez. Ese "alimento espiritual" que menciona Juan
Ramón en carta a Rubén Darío cuando alude a *Helios* o la
recomendación de Unamuno a Antonio Machado para que "busque
su arte en la vida" contienen suficientes dosis de ideología krausista
como para determinar el empeño de esta generación por modelar al
pueblo tratando de descubrir las raíces de su espíritu. Ahí se gesta la
perentoria necesidad machadiana de convertir su mundo interior en
un eslabón capaz de elevar la voluntad estética y ética de lo que él
mismo denominó otredad. Fue sin duda este convencimiento,
madurado a través de las conversaciones con Juan Ramón y de la
recomendación unamuniana, el que le hizo rechazar trece poemas
de *Soledades* y estudiar con laboriosidad y detenimiento el resto.
Unamuno le insta a Machado para que ausculte su ser y su realidad
y cuando Antonio Machado le declara a Unamuno su concepción
de la poesía como un yunque de actividad espiritual y no un taller
de fórmulas dogmáticas, nos damos cuenta de que ha decidido
emprender la tarea de la Institución, a la que se sumaban el propio
Unamuno y Juan Ramón Jiménez. La poesía es observación del
pueblo humilde y meditación interna. Sin duda a Antonio Machado
le fue grato reencontrarse en su madurez con ideas que se asentaban
en los cimientos de su primera educación. La poesía de Antonio
Machado ya no busca la apariencia bella de la realidad sino la

verdad de lo duradero. Machado "ha decidido emprender la tarea
ya concebida dentro de la Institución, en los artículos de Unamuno
y en el grupo *Helios*".[100] De ahí que en *Soledades. Galerías.
Otros poemas* haya un reclamo permanente de las tradiciones, tipos y
costumbres intrahistóricas. E incluso se podría hablar de la
conciencia machadiana de lo popular al separar los versos de las
primeras *Soledades* en grupos de cuatro para asemejarlos, aunque
sólo fuera físicamente, a las coplas y cuartetas de los romances
y canciones del folklore. El gusto por la literatura popular y
tradicional supuso un deseo por encontrar el carácter o el alma del
pueblo y además "se desarrolló un punto de vista en el que,
mediante el estudio de la cultura y las tradiciones, el hombre
pudiera encontrar y sintonizar su propio espíritu con el espíritu de
su cultura latente".[101] El padre de Antonio Machado y su abuelo
habían recopilado y clasificado canciones y romances que definían
el carácter cultural del pueblo andaluz. Afirma Antonio Machado
por boca de Mairena en el *Cancionero apócrifo*:

> El poeta, inventor y manipulador de artificio mecánico, es
> un investigador y colector de sentimientos elementales; un
> folklorista, a su manera, y un creador impasible de canciones
> populares, sin incurrir nunca en el *pastiche* de lo popular.
> Prescinde de su propio sentir, pero anota el de su prójimo y
> lo reconoce en sí mismo como sentir humano, como expresión
> exacta del ambiente cordial que le rodea.[102]

Los símbolos ya no son meros recursos estéticos impuestos por el
predominante modernismo sino formas que por dentro son espejos
de la conciencia universal. En definitiva el cambio radical de
Antonio Machado al rehacer su edición de las *Soledades* es el deseo
de hacerse cómplice de su lector ofreciéndole la sutil sensación de
la obra de arte perfecta. Además se compromete con él en el
desciframiento de los símbolos lo que redunda en un beneficio en la
educación de su sensibilidad. Mediante el perfeccionamiento del
texto y la creación de nuevos símbolos Antonio Machado puso en
práctica el principio pedagógico krausista mediante el cual el lector,
al implicar su sensibilidad en el proceso interpretativo se convierte
en coautor del texto. Detrás de esta búsqueda de la obra de arte
perfecta late una necesidad de culminación ética. Ese mismo rastreo
del detalle contrastado y su posible explicación histórico-literaria es
la justificación de la recatada edición—ésta como aquélla—que el

lector sostiene en las manos. Resulta costoso hacer novedosas aportaciones a la ingente bibliografía machadiana, espero que de lo aquí expuesto algo quede.

Dolores Romero López
Universidad Complutense de Madrid

NOTAS

1. Recientemente han aparecido algunos libros sobre la influencia de la poesía de Antonio Machado en la producción poética posterior a su fallecimiento. Voy a destacar el estudio de José Olivio Jiménez y Carlos Javier Morales Villanueva, *Antonio Machado en la poesía española. La evolución interna de la poesía española 1939–2000* (Madrid: Cátedra, 2002). Véase también el artículo de Araceli Iravedra, "Antonio Machado y la Generación poética de 1970", *Salina. Revista de Lletres*, núm. 14, (2000), pp. 169–182.
2. Varios han sido los estudios que se han publicado para conmemorar los cien años de publicación de las primeras *Soledades* machadianas. La revista *Ínsula* publicó en el 2003 el artículo de Juan José Lanz Rivera sobre "Cien años de Soledades de Antonio Machado", (núm. 683, p 2–3), Juan Varo Zafra publica ese mismo año "100 años de Soledades: algunas notas sobre el pensamiento poético del primer Antonio Machado", *Humanitas. Revista de la Facultad de Humanidades y Ciencias de la Educación de la Universidad de Jaén*, núm. 3, (2003), pp. 97–106. También encontramos otros ensayos que se preocupan por la primera etapa poética de Antonio Machado, caben destacar el de Eduardo Alonso González, *Soledades de Antonio Machado* (Valencia: Foro Ediciones S.L., 1998), el de Miguel Martinón, "El pensamiento poético de Antonio Machado (primera época, hasta 1907)", *Revista de Filología de la Universidad de La Laguna*, núm. 16, (1998), pp. 197–230, y el de Cecilio Alonso "Primera poética de Antonio Machado" en el *Boletín del Museo Camón Aznar*, Zaragoza, núm. 81,(2000), pp. 5–17.
3. Véase en la bibliografía la referencia a las ediciones de Oreste Macrí (Machado, 1989), Geoffrey Ribbans (Machado: 1991) y José Carlos Mainer (Machado: 1995).
4. En el estudio de los temas debo remitir al lector a la obra de

Domingo Yndurain, *Ideas recurrentes de Antonio Machado (1898–1907)* (Madrid: Turner, 1975) y a unos artículos muy bien contextualizados y con enriquecedor aporte crítico publicados del Profesor Richard Cardwell. Me refiero al titulado "Antonio Machado, San Juan de la Cruz y el Neomisticismo" en D. Gareth Walters (ed.), *Estelas en la mar. Essays on the Poetry of Antonio Machado (1875–1939)* (Glasgow: University of Glasgow, 1992), y a otro ensayo denominado "Beyond the mirror and the lamp: symbolist frames and spaces", *Romance Quaterly*, núm. 3, vol. 36, (1989), pp. 273–280, donde se ubican los símbolos modernistas dentro de los marcos espaciales y temporales de la época. Es muy original la reciente publicación de Philip Johnston, (con prologo de Geoffrey Ribbans) sobre *The Power of Paradox in the Work of Spanish Poet Antonio Machado (1875–1936)*, (Lewinston N. Y. Queenston: Lampeter The Edwin Mellen Press, 2002).

5. Véase la periodización que establece Rafael Ferreres en la edición de sus *Soledades* (1967). Básicamente fija cuatro etapas: 1. 1899–1902, en la que escribe *Soledades*, momento modernista, 2. 1903–1907, *Soledades.Galerías.Otros poemas*, período de eliminación de la influencia del modernismo, 3. 1907–1912, en que aparece *Campos de Castilla*, 4. 1912–1924 en el que escribe *Nuevas Canciones*. Me interesa resaltar la estricta separación que hace Rafael Ferreres entre las primeras *Soledades* y las de 1907, muy a propósito de mi estudio.

6. En *Estudios sobre poesía española contemporánea* (Madrid: Guadarrama, 1957), p. 111.

7. "La unidad en la obra de Antonio Machado", *Ínsula*, núm. 40 (1949), p. 1 y en "Las *Soledades* de Antonio Machado", *Insula*, núm. 158, (1960), pp. 1 y 16.

8. *La poesía de Antonio Machado* (Madrid: Gredos, 1955).

9. "Poesías de las "Soledades" de 1903, olvidadas por Machado", en *Obras completas* (Madrid: Gredos, 1975), pp. 607–628, cita de la p. 607.

10. Ricardo Gullón, *Relaciones entre Antonio Machado y Juan Ramón Jiménez* (Pisa: Istituto di letteratura spagnola e ispano-americana, 1964), p. 41. Véase también las referencias a estas amistades en el libro de Marta Rodríguez, *El intimismo en Antonio Machado. Estudio de la evolución de la obra poética del autor* (Madrid: Gredos: 1971).

11. Antonio Machado, *Páginas escogidas*, en *Obras completas* (Madrid: Biblioteca Nueva, 1978), p. 29.

12. Nuestros modernistas conocieron a Rubén Darío a través de Salvador Rueda y de Villaespesa, admirablemente atentos a las nuevas ideas surgidas en la literatura latinoamenticana. Las relaciones entre la poesía de Rubén Darío y Antonio Machado han sido estudiadas en numerosos ensayos. Recientemente se han publicado el de Javier Carlos Morales sobre "Dos versiones del modernismo: la conciencia del tiempo en Rubén Darío y Antonio Machado", *Revista de Literatura*, núm. 123, (2000), pp. 107–131 y el de Stelio Cro se interesa por su común preocupación por la intrahistoria en su artículo "Machado y Darío: la sinestesia ideológica de la intrahistoria", *Cuadernos para la Investigación de la Literatura Hispánica*, núm 29 (2004), pp. 479–497.

13. Autobiografía, (Madrid: Mondadori, 1990), p. 100.

14. "Carnaval", *La España contemporánea* (Barcelona: Lumen, 1987), p. 83.

15. En su libro *Juan R. Jiménez: The Modernist Apprenticeship (1895–1900)* (Berlin: Colloquium Verlag, 1977) y varios de sus artículos "Rubén Darío y Salvador Rueda: Dos versiones del modernismo", *Revista de Literatura*, XLV, núm. 89, (1983), pp. 55–72, "Los albores del modernismo: ¿producto peninsular o trasplante trasatlántico?", *Boletín de la Biblioteca de Menéndez Pelayo*, LXI, (1985), pp. 315–330, "La política-poética del premodernismo español", *Insula*, núm. 487, (1987), p. 23, "Ricardo Gil y el problema del origen español del modernismo", en Guillermo Carnero, *Actas del Congreso Internacional sobre el Modernismo Español e Hispanoamericano y sus Raíces Andaluzas y Cordobesas*, (Córdoba: Excma. Diputación Provincial, 1987), pp. 219–234; así como los prólogos a sus ediciones de R. Gil *La caja de música*, (University of Exeter: Exeter Hispanic Texts, XX, 1978), y Francisco A. de Icaza *Efímeras & Lejanías* (University of Exeter: Exeter Hispanic Texts, XXXVI, 1983).

16. Léase el libro de Amelina Correa Ramón: *Poetas andaluces en la órbita del modernismo* (Sevilla: Ediciones Alfar, 2001).

17. Véanse al respecto las siguientes referencias críticas: Celma Valero, Mª Pilar: "El modernismo en la crítica coetánea" en *La pluma ante el espejo* (Salamanca: Universidad de Salamanca, 1989), pp. 21–62; Deleito y Piñuela, José: "¿Qué es el

modernismo y qué significa como escuela dentro del arte en general y de la literatura en particular?", en Lily Litvak, *El modernismo* (Madrid: Taurus, 1991), pp. 383–393; Litvak, Lily, "La idea de la decadencia en la crítica antimodernista en España, (1888–1910)", *Hispanic Review*, núm. 45, (1977), pp. 397–412; Martínez Cachero, José María, "Algunas referencias sobre antimodernismo español", *Archivum*, n° III, (1959), pp. 311–333; Martínez Cachero, José María, "Reacciones antimodernistas en la España de fin de siglo", en Guillermo Carnero, *Actas del Congreso Internacional sobre el Modernismo Español e Hispanoamericano, ob. cit.*, pp. 125–143; McDermott, Patricia, "The Triumph of Modernismo: the *Helios* Campaign, 1903–1904", *Renaissance and Modern Studies: Juan Ramón Jiménez (1881–1958)*, Vol. XXI, (1977), pp. 40–57; O´Riordan, Patricia, *Helios, revista del modernismo (1903–1904)* (Abaco, 4, 1973).

18. *Viejos y jóvenes* (Madrid: Espasa-Calpe, 1956), pp. 32–49. Original escrito en diciembre de 1902.

19. Véase *Alerta* (Salamanca: Ediciones de la Universidad de Salamanca, 1983).

20. *Antonio Machado, poeta simbolista* (Madrid: Taurus, 1982).

21. *Poesía simbolista francesa* (Edición bilingüe), (Madrid: Akal, 1984), p. 29. Véase también el libro de Enrique López Castellón, *Simbolismo y bohemia : la Francia de Baudelaire* (Madrid, Akal, 1999).

22. Consúltese el libro editado por Anna Balakian *The Symbolist Movement in the Literature of European Languages* (Budapest: Akadémiai Kiadó, 1982). Véase también el caso particular de Bélgica en el libro de André Benit, *Literatura belga II: Naturalismo y Simbolismo (1880–1920)*, (Madrid: Liceus, 2004).

23. No olvidemos el entronque krausista del padre de Antonio Machado como lo pone de manifiesto Juan López Álvarez en su libro *El krausismo en los escritos de Antonio Machado y Álvarez* (Cádiz: Servicio de Publicaciones de la Universidad de Cádiz, 1996). Cecilia Heydl Cortínez, se interesa por la influencia particular sobre nuestro autor ("Giner de los Ríos, el maestro de unos poemas de Unamuno, Antonio Machado y en la prosa de Jiménez", *Hispanic Journal*, núm. 2 (1995), pp. 339–49) y Francisco J. Laporta presta atención al conjunto ("La institución libre de enseñanza y la Generación del 98", (*Boletín*

de la Institución Libre de Enseñanza, núms. 32–33, (1998), pp.49–60).

24. Vease el concienzudo trabajo de Francisco José Falero Folgoso titulado *La teoría del arte del krausismo en España* (Granada: Editorial Universidad de Granada, 1999) y el clásico estudio de Juan López-Morillas, *Krausismo, estética y literatura* (Barcelona: Lumen, 1991).

25. Según los datos de Heliodoro del Valle, "Antonio Machado: Bibliografía", *Revista Hispánica Moderna,* XV, (1949), p. 81.

26. Geoffrey Ribbans, "Antonio Machado's Soledades (1903)", *Hispanic Review,* XXX, (1962), pp. 194–215.

27. No pretendo ser exhaustiva en la recopilación de material biográfico sobre Antonio Machado. He manejado la bibliografía al uso. Sobre las relaciones literarias que mantuvo el menor de los Machado al llegar a Madrid puede consultarse la siguiente bibliografía que ordeno por orden cronológico: Miguel Pérez Ferrero, *Vida de Antonio Machado y Manuel* (Madrid: Ediciones Rialp, 1947, segunda edición 1973); Oreste Macrí, "Amistades de Antonio Machado", *Ínsula,* 158, enero, (1960), pp. 3 y 15; Aurora de Albornoz, *La prehistoria de Antonio Machado* (Puerto Rico: Ediciones La Torre, 1961); Ricardo Gullón, "Mágicos lagos de Antonio Machado. Machado y Juan Ramón", *Papeles de Son Armadans,* XXIV, enero, (1962), pp. 26–61; Gordon Brotherston, *Manuel Machado* (Madrid: Taurus, 1976), en la que encontramos bastantes referencias a la vida de Antonio Machado; Jose Luis Cano, *Antonio Machado* (Madrid: Destinolibro, 1982); Leopoldo de Luis, *Antonio Machado. Ejemplo y lección* (Madrid: Fundación Banco Experior, 1988); Ricardo Gullón, "Relaciones literarias I, Manuel y Antonio" y "Relaciones literarias, II" en *Direcciones del modernismo* (Madrid: Alianza Editorial, 1990), pp. 265–278; Juan José Coy Ferrer, *Antonio Machado: fragmentos de biografía espiritual* (Castilla-León: Consejería de Educación y Cultura, 1997); Ángel González, *Antonio Machado* (Madrid: Alfagurara, 1999); Enrique Rodríguez Baltanas, *Antonio Machado. Nueva biografía* (Sevilla: Diputación de Sevilla, 2001); Joaquín Verdú de Gregorio, *Antonio Machado: (1875–1939),* (Madrid: Ediciones de Orto, 1999); Ian Gibson, *Antonio Machado* (Madrid: Aguilar, 2006).

28. Para ampliar más datos sobre este particular, léase el conmovedor artículo que Antonio Núñez publicó en *Ínsula*

titulado "En torno a las figuras de 98: Antonio Machado en los recuerdos de Ricardo Calvo", 236–237, (1966), p. 9. Hay muy poca literatura escrita sobre Antonio de Zayas, apenas encontramos publicado un artículo en *Ínsula* de Luis Antonio de Villena titulado "Un parnasiano español, Antonio de Zayas, entre el modernismo y la reacción", 415, (1981), p. 3, donde el autor plantea la necesidad de ir descubriendo a los autores secundarios del modernismo para tener una visión global de la época. Antonio de Zayas fue un poeta ligado amistosamente a los hermanos Machado, gracias a él debieron entablar los primeros contactos con la lírica simbolista francesa.

29. Quiero dejar constancia de algunos artículos de interés que ayudan a comprender mejor la figura poética de Salvador Rueda. En primer lugar destacaría el artículo de Jose María Martínez Cachero, "Salvador Rueda y el modernismo", *Boletín de la Biblioteca Menéndez Pelayo*, XXXIV, (1958) pp. 41–61, y el capítulo "Salvador Rueda y Rubén Darío" en el libro de Donald F. Foguelquist, *Españoles de América y Americanos de España* (Madrid: Gredos, 1968) pp. 89–113; así como el número monográfico (nº 7) que en 1943 dedica la revista *Cuadernos de Literatura Contemporánea* al poeta malagueño. Destaca el brillante artículo de Guillermo Carnero, "Salvador Rueda, teoría y práctica del modernismo", en *Actas del Congreso Internacional sobre el Modernismo Español e Hispanoamericano*, *ob. cit.*, pp. 277–298, donde se ofrece una introducción a la figura del poeta y se da detallada cuenta de los estudios y artículos que surgieron tras la muerte de Salvador, acaecida en 1933, y que, hasta ahora, no habían sido exhaustivamente catalogados.

30. La gran fama adquirida por Antonio Machado desde su muerte ha hecho que encontremos abundantes estudios que publican su correspondencia. Véase, el completísimo repertorio de cartas que aporta la afortunada edición de Oreste Macrí, vol. III. En cambio, la relativa notoriedad hasta ahora adquirida por la obra y personalidad de Manuel Machado ha acarreado el inconveniente de que no se haya prestado demasiada atención a su correspondencia. No obstante quiero reconocer aquí el mérito que tuvieron dos tempranas publicaciones. Me refiero a la de Dictino Álvarez: "Cartas inéditas de Manuel Machado a Rubén Darío", *Índice de Artes y Letras*, 118, 14, (1958), publicadas más tarde en sus *Cartas de Rubén Darío* (Madrid:

Taurus, 1963); y las de A. Armas Ayala, "Epistolario de Manuel Machado", *Índice de Artes y Letras*, 50, 1 y 4, (1952), Recientemente se ha prestado interés sobre las relaciones de Antonio Machado con otros poetas de la época, como la publicación de correspondencia que edita Fernando Gómez Martín, *Gabriel y Galán, intérprete del 98: correspondencias literarias con Miguel de Unamuno y Antonio Machado* (Salamanca: Ediciones Universidad de Salamanca, 2003)

31. Ricardo Gullón, "Relaciones amistosas y literarias entre Juan Ramón Jiménez y Manuel Machado", *Cuadernos Hispanoamericanos*, XLIII–XLIV, n° 127, junio, (1960), pp. 115–139, cita de la p. 127.

32. Sigo de cerca las aportaciones biográficas encontradas en la siguiente obras: Melchor Fernández Almagro, *Vida y literatura de Valle-Inclán* (Madrid: Editora Nacional, 1953); José Esteban, *Valle Inclán visto por... Ortega, Clarín, Machado, Rubén Darío, Azaña*, etc. (Madrid: Ediciones de El Espejo, 1973); Antonio Gómez de la Serna, *Don Ramón María del Valle-Inclán* (Buenos Aires: Espasa-Calpe, 1944); Francisco Madrid, *La vida altiva de Valle Inclán* (Buenos Aires: 1943); Alfredo Carballo Picazo, "Antonio Machado y Valle-Inclán", *Cuadernos Hispanoamericanos*, 160, abril, (1963), pp. 6–17; Guillermo Díaz Plaja, "Rubén Darío", *Las estéticas Valle-Inclán* (Madrid: Gredos, 1972), pp. 259–270; W., Allen Phillips, "Rubén Darío y Valle-Inclán, historia de una amistad literaria" en *Temas del modernismo hispánico y otros estudios* (Madrid: Gredos, 1974), pp. 159–207 y del mismo autor: "Algo más sobre Antonio Machado y Valle-Inclán", *Ibidem*, pp. 208–237; por último, Juan Ramón Jiménez, "Valle-Inclán visto por Juan Ramón Jiménez", *Ínsula*, núms. 236–237, (1966), pp. 11 y 12.

33. *Temas del modernismo hispánico y otros estudios, ob. cit.*, p. 211. Incluso Antonio Machado se muestra impreciso a la hora de reconocer la fecha de inicio de su amistad en el prólogo que en 1938 escribe a la edición *La corte de los milagros* de Valle-Inclán, donde afirma "conocí a don Ramón del Valle, suyas son las admirables páginas que hoy se reimprimen, cuando él era un hombre en plena juventud, y yo, poco más que un adolescente", dato tomado del artículo de Alfredo Carballo Picazo, "Antonio Machado y Valle-Inclán", *art. cit.*, p. 14.

34. Manuel y Antonio Machado, *Obras completas* (Madrid: Editorial Biblioteca Nueva, 1978) p. 1158.

35. "Estuve tres meses en cama, me olvidé de las minas de la Mancha y escribí unas *Memorias* . . . Se las leía a Antonio Machado y a Francisco Villaespesa. Éste, no bien hube terminado la última cuartilla, dijo alborozado: "¡Eso se parece a "La Virgen de la Rosa" de D'Annunzio!". Y Machado añadió: "¡Es magnífico!". Antonio me aconsejó que publicase mis cuartillas cuanto antes. Aquellas *Memorias* son *Sonata de otoño*", en Francisco Madrid, *La vida altiva de Valle Inclán, op. cit.*, p. 213.

36. "Vida", en la edición de *Poesía y prosa* de Oreste Macrí, *ob. cit.*, p. 1801.

37. Pío Baroja, "Final del Siglo XIX y principios del XX", *Memorias: Finales del siglo XIX y principios del XX*, en *Obras completas*, vol. VII (Madrid: Biblioteca Nueva, 1949), p. 687 y ss.

38. Sobre la influencia del simbolismo francés en Antonio Machado debe leerse la siguiente bibliografía: Rafael Ferreres, *Verlaine y los modernistas españoles* (Madrid: Gredos, 1981); Geoffrey Ribbans, "La influencia de Verlaine en Antonio Machado (Con nuevos datos sobre la primera época del poeta)", *Cuadernos Hispanoamericanos*, núms. 91–92, julio-agosto, (1957), pp. 180–201; Guillermo Díaz Plaja, *Modernismo frente a Noventa y ocho*, (Madrid: Espasa-Calpe, 1951) p. 154 y ss.; José Olivio Jiménez, *El simbolismo* (Madrid: Taurus, 1979), Hans Hinterhäuser, *Fin de siglo, figuras y mitos* (Madrid: Taurus, 1980) y Roland Grass and William Risley, *Waiting for Pegasus* (Western Illinois: University Macomb, 1979), p. 12. Junto con Verlaine nuestros modernistas leyeron a Teodoro Bauville, Beaudelaire, Alberto Samain, Catulle Mendés y otros poetas como son el americano E.A. Poe y el italiano G. d'Annunzio.

39. Antonio Núñez, "En torno a las figuras de 98: Antonio Machado en los recuerdos de Ricardo Calvo", *Ínsula, art. cit.*, p. 9.

40. Dice Antonio Machado, "De Madrid a París (1902). En este año conocí en París a Rubén Darío", en la edición de Oreste Macrí, *Poesía y prosa, ob. cit.*, p. 1802.

41. Vol. II, núm. 8, agosto de 1903, pp. 46–50.

42. "Antonio Machado y sus *Soledades*", *Hispania*, n° 3, (1929), pp. 225–42.

43. Este artículo fue recopilado posteriormente en sus *Obras*

completas, titulado "Poesías de las *Soledades* de 1903, olvidadas por Machado".

44. "Las *Soledades* de Antonio Machado", *Ínsula*, Enero, (1960), pp. 1 y 16.

45. "Antonio Machado's *Soledades* (1903); A critical Study", *Hispanic Review*, XXX, (1962), pp. 194–215.

46. (Barcelona: Editorial Labor, 1975). Es Geoffrey Ribbans quien se encarga de la edición más divulgada de *Soledades. Galerías. Otros poemas* (Madrid: Editorial Cátedra, 1983).

47. Madrid: Taurus, 1967.

48. En *Crítica bajo control* (Barcelona: Planeta, 1970), pp. 103–150.

49. (Budapest: Akadémiai Kiadó, 1975).

50. Antonio Machado, *Poesía y prosa* (Madrid: Espasa-Calpe, 1989).

51. Remito al lector a mi libro *Concordancias y variantes de las Soledades de Antonio Machado (1903–1907)* (Salamanca, Ediciones de la Universidad, 1993) [microficha].

52. Cesare Segre, *Semiótica filológica (Textos y modelos culturales)* (Murcia: Ediciones de la Universidad, 1990), pp. 55–56.

53. Cesare Segre, *Ibidem.*

54. "El concepto de modificante puede tener aún mayor alcance quizá, si pensamos que, dentro de un mismo libro, unos poemas se apoyan en otros y a su lado cobran relieve", citado por Carlos Bousoño en su *Teoría de la expresión poética* (Madrid: Gredos, 1952) p. 107.

55. Cit. de la p. 115.

56. Entiendo por paraestrofas "grupos irregulares de versos cada uno de los cuales no guarda relación formal con los demás—a diferencia de la "estrofa"—, y está motivado en su extensión sólo por el contenido" cit. de Isabel Paraíso en "El verso libre de Juan Ramón Jiménez en *Dios deseado y deseante*", *Revista de Filología Española*, vol. LIV, (1971), pp. 252–269, cit. pp. 253–54.

57. Esto ocurre, por ejemplo, en el poema "Tarde" donde el yo lírico conversa con la tarde y en el poema I "Daba el reloj las doce . . . y eran doce" de la serie Del camino donde el poeta dialoga con el silencio.

58. Así ocurre en "Horizonte", poema compuesto por dos serventesios y un pareado final de notable significación simbólica. Véanse, asimismo, los poemas de la serie Del

camino, VI "Arde en tus ojos un misterio" y VIII "¡Oh, figuras del átrio, más humildes".

59. Antonio Quilis, *Métrica española* (Bardelona: Ariel, 1985), p. 161 y ss.

60. Tomás Navarro Tomás, "La versificación de Antonio Machado", *La Torre*, Revista General de la Universidad de Puerto Rico, "Homenaje a Antonio Machado", 45–46, año XII, (1964), pp. 425–443, cit. de la p. 436.

61. Ricardo Gullón, *Cartas de Antonio Machado a Juan Ramón Jiménez*, (Puerto Rico: Ediciones de La Torre, 1959), p. 29.

62. Cita del libro de Ricardo Gullón, *Conversaciones con Juan Ramón Jiménez* (Madrid: Taurus, 1958), p. 146.

63. Los tres asteriscos (★★★) significan poema de 1903 insertado en la edición de Pueyo.

64. Los números romanos entre paréntesis indican la posición del poema en la edición de 1907.

65. Poemas cambiados de orden.

66. Cambiado de sección.

67. Poema cambiado de sección.

68. Todos aquellos que en el esquema tienen tres asteriscos en negrita.

69. En las *Soledades* de Pueyo aparece dos poemas, XVIII "Maldiciendo su destino" y XIX "¡Verdes jardincillos!" que sustituyen a "Crepúsculo" y "Otoño". En la sección Del camino el poema IV "El sol es un globo de fuego" sustituye al IV "Dime, ilusión alegre".

70. Los trece poemas olvidados y que en este esquema aparecen tabulados a la izquierda.

71. El poema que en la sección Del camino de 1903 tenía el número XIV ha desaparecido y este orden lo ocupa en 1907 el poema "Me dijo un alba de la primavera" que en 1903 tenía el número XV. El que en 1903 tenía el número XVI "¡Oh, dime, noche amiga, amada", pasa en la versión de 1907 a figurar con el número XV. En la sección Coplas y canciones se han cruzado ordinalmente otros dos poemas que en 1903 llevaban el título "Ocaso" y "Campo" y lo mismo ocurre con la pareja de poemas que en 1903 se titulaban "La mar alegre" y "Tierra baja".

72. Se trata de "Fantasía de una noche de Abril" que en 1903 entraba en Salmodias de Abril y en 1907 aparece en la sección Humorismos, Fantasías, Apuntes.

73. Puede consultarse mi libro *La tópica de la poesía modernista:*

concordancias y teoría (1900–1907) (Salamanca: Ediciones de la Universidad, 1993) [microficha]

74. El concepto "lento" se repite en la primera edición venticuatro veces, doce de ellas en femenino plural/singular aplicado a tarde, hiedra, rueca plegaria, noria, vísperas, campanas; y otras tantas en masculino especificando a salmo, camino, verano, acorde, mendigo, al pífano de abril, volar soñoliento y al ritmo de corazón. En los poemas nuevos integrados en la edición de 1907, aparece únicamente una vez el concepto de lentitud, y este no ya como adjetivo sino como adverbio: "Suena en la calle sólo el ruido de tu paso;/ se extinguen lentamente los ecos del ocaso" (Poema XV de la sección Soledades). Los cambios se hacen en los siguientes poemas: "Tarde", "Los cantos de los niños", Del camino III y XVI, "Canción". Poemas que mantienen la lentitud en 1907: "Preludio", Del camino IX y XI, "Fantasía de una noche de Abril", "La noria".

75. En la primera edición aparece ventinueve veces repetido este concepto, bien sea como nombre, adjetivo o adverbio. En la segunda edición solamente incluye trece términos relativos a la *lejanía*. Sin duda fue éste otro de los conceptos con los que Antonio Machado luchó al publicar su segunda edición. A continuación transcribo la lista de poemas en los que aparece el término. Poemas que cambian: "Canción II", "Mai Piú". La lejanía en los poemas suprimidos en la edición de 1907: "Invierno", "Horizonte", "Crepúsculo", "Dime, ilusión alegre", "Siempre que sale el alma de la obscura", "Nevermore". La lejanía en los poemas reintegrados en 1907: "Tarde", II "Sobre la tierra amarga", III "En la miseria lenta del camino", VIII "¡Oh, figuras del átrio, más humildes", IX "Quizá la tarde lenta todavía", X "Algunos lienzos del recuerdo tienen", "Canción", "Mai Piú", "Tierra baja", "El cadalso". La lejanía de 1907: "El viajero", "Orillas del Duero", XIII "Hacia un ocaso radiante", XVII "Es una forma juvenil que un día", "Inventario galante", "Jardín", "Los sueños malos" "Introducción", XII "Tarde tranquila, casi", XVIII "Desnuda está la tierra", "Campo".

76. "Riente" se repite en 1903 ocho veces, de ellas, tres son mantenidas en la edición de 1907 y cinco olvidadas. En los nuevos poemas que integran la segunda edición no lo constato ni una sola vez. "Risueño-a" aparece cinco veces en 1903, de las que se mantienen cuatro en 1907 y una se retira. La edición

de 1907 aporta otros cinco contextos con este término. "Reír" aparece trece veces en 1903, siete se mantienen, y el resto se olvidan. En 1907 no aparece nada más que dos veces. En 1903 hay diez contextos en los que aparece el término "risa", cinco se conservan y otros tantos son omitidos.

77. Léase la interpretación que hace de este poema Richard Cardwell en su artículo "A symbolist poem of Antonio Machado". Semejantes mecanismos de retención cronológica a través de elementos formales se perciben en el estilo de Azorín, como ha demostrado H. Ramsden en su edición de *La ruta de Don Quijote* (Manchester: Manchester University Press, 1966).

78. En esta "Fe de erratas" se pueden leer los siguientes cambios:s:

PáG	LíNEA	DICE	LÉASE
11	1, 3, 5	se	sé
40	8	temblosa	temblorosa
47	8	pisara	pisará
67	8	entre los	entre los
67	8	verdes bónibus	verdes evónimos
68	5	explende	esplende
69	8	explendor	esplendor
90	11	ebónibus	evónimos
96	7	en frente	enfrente

79. La palabra se encuentra en el verso 5 de "La noria".

80. Ese error se halla en el verso cuarto de "El cadalso".

81. Los poemas que tras haber perdido el título aparecen con números romanos son **Soledades**: VI "Fue una tarde . . .", VIII " Yo escucho los cantos . . .", XVI "Siempre fugitiva y siempre . . .", XVII "Horizonte". **Canciones y coplas**: I "Abril florecía . . .", IV "Me dijo una tarde de la primavera . . .", V "La vida hoy tiene ritmo" . . . VI "Era una mañana y Abril sonreía . . ." VII "El casco roido y verdoso", VIII "El sueño bajo el sol . . .".

82. Me refiero a los poemas que en 1903 se titulaban "Tarde", "Los cantos de los niños", "Canción", "Mai Piú", "Ocaso".

83. Cfr. "La fuente" y "Canción".

84. Ver el "Preludio" y XVI de **Del camino**.

85. Los poemas que mantienen su título son "Horizonte" y "Fantasía de una noche de Abril". Sin embargo, nueve lo han perdido: "Tarde", "Los cantos de los niños", "Noche", "Canción", "Ocaso", "Campo", "Mai Piú", "Tierra baja",

"La mar alegre" y otros once títulos no aparecen en la edición de 1907 por haber desaparecido el poema completo: "La fuente", "Invierno", "Cenit", "El mar triste", "Crepúsculo", "Otoño", "Preludio", "Tarde en el jardín", "Nocturno", "Nevermore", "Muerte".

86. Todas las dedicatorias a sus compañeros en la lucha modernista han desaparecido. Los poetas a los que se les había consagrado algún poema en la edición de 1903 son: A Rubén Darío "Los cantos de los niños", la sección **Salmodias de Abril** a D. Ramón del Valle-Inclán, el "Nocturno" a Juan Ramón Jiménez, "Mai Piú" a Francisco Villaespesa y "Fantasía de una noche de Abril" al venerable maestro D. Eduardo Benot. Con la supresión de las dedicatorias se pierde parte del ambiente modernista que contenían los poemas. En la edición de 1907 no figura ninguna dedicatoria. En "Elogio" hay un recordatorio a *La flor de santidad* de Valle-Inclán.

87. Son estos mismos los tres aspectos que indica el profesor Herbert Ramsden en su artículo sobre el proceso de purificación en la poesía de Juan Ramón Jiménez.

88. Cfr. "Antonio Machado, la Institución y el idealismo finisecular", p. 381.

89. Según Richard A. Cardwell en "Antonio Machado, San Juan de la Cruz y el Neomisticismo", p. 18.

90. Publicadas por Espasa-Calpe.

91. "The triumph of modernismo: the *Helios* campaign, 1903–1904", en *Renaissance and Modern Studies: Juan Ramón Jiménez (1881–1958)*, Vol. XXI, (1977), pp. 40–57.

92. Reproducida por D. F. Foguelquist, *The literary collaboration and the personal correspondence of Rubén Darío and Juan Ramón Jiménez* (Coral Gables: Florida, 1956) p. 13.

93. G. Palau de Nemes, *Vida y obra de Juan Ramón Jiménez* (Madrid: Gredos, 1957), p. 92.

94. Han escrito sobre las relaciones entre los dos poetas Aurora de Albornoz en *Presencia de Unamuno en Antonio Machado* (Madrid: Gredos, 1968) y el profesor Serrano Poncela, *Antonio Machado, su mundo y su obra* (Barcelona: Losada, 1954). Señala, éste último, la influencia personal directa y decisiva en los años mozos de Antonio Machado es la figura de Miguel de Unamuno. A. Sánchez Barbudo, *Estudios sobre Unamuno y Machado* (Madrid: Guadarrama, 1959), Ramón de Garciasol, *Unamuno: al hilo de "poesías", 1907* (Madrid: S.G.E.L. 1980)

y el de Geoffrey Ribbans, *Niebla y soledad* (Madrid: Gredos, 1971); Villa Pastur, J., "Juan Ramón Jiménez ante la poesía de Miguel de Unamuno y Antonio Machado", *Archivum*, enero-abril, tomo V, (1955), pp. 136–147.

95. Ribbans, Geoffrey, *Niebla y soledad, ob. cit.*, pp. 191–192.
96. *Cisneros*, núm. 7 (1943), p. 67.
97. Ribbans, G., *Niebla y soledad, ob. cit.* pp. 199–301.
98. En *Antonio Machado Hoy. Actas del Congreso Internacional Conmemorativo del Cincuentenario de la Muerte de Antonio Machado* (Sevilla: Alfar, 1990), pp. 381–401.
99. *Ensayos* (Madrid: Alianza Editorial, 1969). Edición de J. López Morillas.
100. Cardwell, R. A., "Antonio Machado, la Institución y el idealismo finisecular", art. cit. p. 392.
101. R. A. Cardwell, 1994, "Al-Andalus y Andalucía: historia y cultura en el modernismo español" en Penny, Ralph (ed.) *Actas del I Congreso Ango-Hispano*, tomo III, Madrid, Castalia, 81–91, cit. p. 87.
102. *Poesía y prosa*, T. II, p. 714.

BIBLIOGRAFÍA

Aguirre, Jose María, *Antonio Machado, poeta simbolista* (Madrid: Taurus, 1982).

Albornoz, Aurora de, *La presencia de Miguel de Unamuno en Antonio Machado* (Madrid: Gredos, 1968).

——*La prehistoria de Antonio Machado* (Puerto Rico: Ediciones La Torre, 1961).

Alonso, Cecilio, "Primera poética de Antonio Machado" *Boletín del Museo Camón Aznar*, Zaragoza, núm. 81, (2000), pp. 5–17.

Alonso Cortés, Narciso, "Armonía y emoción en Salvador Rueda", *Cuadernos de Literatura Contemporánea*, núm. 7, (1943), pp. 36–47.

Alonso, Dámaso y Bousoño, Carlos, *Seis calas en la expresión literaria española* (Madrid: Gredos, 1951).

Alonso, Dámaso, "Poesías de las "Soledades" de 1903, olvidadas por Machado", en *Obras completas,* vol. I (Madrid: Gredos, 1975), pp. 607–628.

Alonso González, Eduardo, *Soledades de Antonio Machado* (Valencia: Foro Ediciones S.L., 1998.

Álvarez Ortega, *Poesía simbolista francesa* (Edición Bilingüe), (Madrid: Akal, 1984).

Álvarez, Dictino, *Cartas de Rubén Darío* (Madrid: Taurus, 1963).

Armas Ayala, A., "Epistolario de Manuel Machado", *Índice de Artes y Letras*, núm. 50, (1952), pp. 1 y 4.

Balakian, Anna, *The Symbolist Movement in the Literature of European Languages* (Budapest: Akadémiai Kiadó, 1982).

Baroja, Pío, *Memorias: Finales del siglo XIX y principios del XX*, en *Obras completas,* vol. VII (Madrid, Biblioteca Nueva, 1949).

Benit, André, *Literatura belga II : Naturalismo y Simbolismo (1880–1920)* (Madrid: Liceus, 2004).

Bousoño, Carlos, *Teoría de la expresión poética* (Madrid: Gredos, 1952).

Brotherston, Gordon, *Manuel Machado* (Madrid: Taurus, 1976).

Cano, Jose Luis, "Recuerdo malagueño de Salvador Rueda", *Cuadernos de Literatura Contemporánea*, núm. 7, (1943), pp. 81–83.

——"Juan Ramón Jiménez y la revista *Helios*" en *Clavileño*, VII, n° 42, noviembre-diciembre, 1956, pp. 28–34.

——*Antonio Machado* (Madrid: Destinolibro, 1982).

Carballo Picazo, Alfredo, "Antonio Machado y Valle-Inclán", *Cuadernos Hispanoamericanos*, 160, abril, (1963), pp. 6–17.

Cardwell, Richard A., "Beyond the mirror and the lamp: symbolist frames and spaces", *Romance Quarterly*, núm. 3, vol. 36, (1989), pp. 273–280.

——"Antonio Machado, la Institución y el idealismo finisecular", en Antonio Machado, hoy, *Actas del Congreso Internacional Conmemorativo del Cincuentenario de la Muerte de Antonio Machado*, vol. I (Sevilla: Ediciones Alfar, 1990), pp. 381–404.

——"Antonio Machado, San Juan de la Cruz y el Neomisticismo", en D. Gareth Walters (ed.), *Estelas en la mar. Essays on the Poetry of Antonio Machado (1875–1939)* (Glasgow: University of Glasgow, 1992), pp. 18–37.

——"A symbolist poem of Antonio Machado", en N. G. Round & D. Gareth Walters (ed.), *Reading in Spanish and Portuguese Poetry for Geoffrey Connell* (Glasgow: University of Glasgow, 1985), pp. 3–15.

Celma Valero, Mª Pilar, *La pluma ante el espejo* (Salamanca: Universidad de Salamanca, 1989).

Cernuda, Luis, *Estudios sobre poesía española contemporánea* (Madrid: Guadarrama, 1957).

Chaves, Julio César, "La admiración de Antonio Machado por Unamuno, en *Cuadernos Hispanoamericanos*, LII (155), nov. 1962, pp. 223–235.

Correa Ramón, Amelina, *Poetas andaluces en la órbita del modernismo* (Sevilla: Ediciones Alfar, 2001).

Crispo Acosta, "Antonio Machado y sus *Soledades*", *Hispania*, XII, (1929), pp. 225–42.

Cro, Stelio, "Machado y Darío: la sinestesia ideológica de la intrahistoria", *Cuadernos para la Investigación de la Literatura Hispánica*, núm 29 (2004), pp. 479–497.

Darío, Rubén, *Autobiografía*, (Madrid: Mondadori, 1990).

——*España Contemporánea* (Barcelona: Lumen, 1987).

Deleito y Piñuela, José, "¿Qué es el modernismo y qué significa como escuela dentro del arte en general y de la literatura en particular?", en Lily Litvak, *El modernismo*, (Madrid: Taurus, 1991).

Díaz Plaja, Guillermo, *Las estéticas Valle-Inclán* (Madrid: Gredos, 1972).

——*Modernismo frente a Noventa y ocho* (Madrid: Espasa-Calpe, 1951).

Diego, Gerardo, "Salvador Rueda", *Cuadernos de Literatura Contemporánea*, núm. 7, (1943), pp. 49–67.

Esteban, José, *Valle Inclán visto por...Ortega, Clarín, Machado, Rubén Darío, Azaña, etc.* (Madrid: Ediciones de El Espejo, 1973).

Fernández Almagro, Melchor, *Vida y literatura de Valle-Inclán* (Madrid: Editora Nacional, 1953).

Ferreres, Rafael, *Verlaine y los modernistas españoles* (Madrid: Gredos, 1981).

Fogelquist, Donald F. "*Helios*, voz del renacimiento hispánico", en *Revista Iberoamericana*, XX (1955), pp. 1291–1299.

——*The literary collaboration and the personal correspondence of Rubén Darío and Juan Ramón Jiménez* (Coral Gables, Florida, 1956).

——*Españoles de América y Americanos de España* (Madrid: Gredos, 1968).

Falero Folgoso, Francisco José, *La teoría del arte del krausismo en España* (Granada: Editorial Universidad de Granada, 1999).

Garciasol, Ramón de, *Unamuno: al hilo de "poesías" 1907* (Madrid: S.G.E.L. 1980).

Gibson, Ian, *Antonio Machado* (Madrid: Aguilar, 2006).

Giner del Río, Francisco, *Ensayos* (Madrid: Alianza Editorial, 1969).

Gómez de la Serna Antonio, *Don Ramón María del Valle-Inclán* (Buenos Aires: Espasa-Calpe, 1944).

Gómez, Martín, Fernando, *Gabriel y Galán, intérprete del 98: correspondencias literarias con Miguel de Unamuno y Antonio Machado* (Salamanca: Ediciones Universidad de Salamanca, 2003).

González, Ángel, *Antonio Machado* (Madrid: Alfagurara, 1999).

Grass, Roland and Risley, William, *Waiting for Pegasus* (Western Illinois: University Macomb, 1979).

Gullón, Ricardo, "La unidad en la obra de Antonio Machado", *Ínsula*, núm. 40 (1949) , p.1.

——"Las *Soledades* de Antonio Machado", *Ínsula*, n° 158, (1960), pp. 1 y 16.

——"Relaciones amistosas y literarias entre Juan Ramón Jiménez y Manuel Machado", *Cuadernos Hispanoamericanos*, XLIII-XLIV, n° 127, junio, (1960), pp. 115–139.

——"Mágicos lagos de Antonio Machado. Machado y Juan Ramón", Papeles de Son Armadans, XXIV, enero, (1962), pp. 26–61.

——*Direcciones del modernismo* (Madrid: Alianza Editorial, 1990).

——*Relaciones entre Antonio Machado y Juan Ramón Jiménez* (Pisa: Istituto di Letteratura Spagnola e Ispano-Americana, 1964).

——Heydl Cortínez, Cecilia, "Giner de los Ríos, el maestro de unos poemas de Unamuno, Antonio Machado y en la prosa de Jiménez", *Hispanic Journal*, núm. 2 (1995), pp. 339–49.

Hinterhäuser, Hans, *Fin de siglo, figuras y mitos* (Madrid: Taurus, 1980).

Horànyi Mátyás, *Las dos Soledades de Antonio Machado*, (Budapest: Akadémiai Kiadó, 1975).

Iravedra, Araceli, "Antonio Machado y la Generación poética de 1970", *Salina. Revista de Lletres*, núm. 14, (2000), 169–182.

Jiménez, Juan Ramón, "Soledades", *El País*, marzo, (1903).

——"Valle-Inclán visto por Juan Ramón Jiménez", *Ínsula*, 236–237, (1966), pp. 11 y 12.

Jiménez, José Olivio, *El simbolismo* (Madrid: Taurus, 1979).

Jiménez, José Olivio y Morales Villanueva, Carlos Javier, *Antonio Machado en la poesía española. La evolución interna de la poesía española 1939–2000* (Madrid: Cátedra, 2002).

Johnston, Philip, *The Power of Paradox in the Work of Spanish Poet Antonio Machado (1875–1936)*, (Lewinston N. Y. Queenston: Lampeter The Edwin Mellen Press, 2002).

Litvak, Lily, "La idea de la decadencia en la crítica antimodernista en España, (1888–1910)", *Hispanic Review*, 45, (1977), pp. 397–412.

López Álvarez, Juan, *El krausismo en los escritos de Antonio Machado y Álvarez* (Cádiz: Servicio de Publicaciones de la Universidad de Cádiz, 1996).

López Castellón, Enrique, *Simbolismo y bohemia: la Francia de Baudelaire* (Madrid: Akal, 1999).

López Morillas, Juan, *Krausismo, estética y literatura* (Barcelona: Lumen, 1991).

Luis, Leopoldo de, *Antonio Machado. Ejemplo y lección* (Madrid: Fundación Banco Exterior, 1988).

Machado, Antonio, *Soledades* (Madrid: Imp. A. Álvarez, Colección de la Revista Ibérica, 1903).

——*Soledades* (Madrid: Imp. de Valero Díaz, Colección de Escritores Jóvenes, 1904).

——*Soledades. Galerías. Otros poemas* (Madrid: Librería Pueyo, Biblioteca Hispanoamericana, 1907).

——*Obras (Poesías completas, Juan de Mairena, Sigue hablando Mairena a sus discípulos, Otros sueltos)* (México: Séneca, 1940).

——*Soledades*, ed. Rafael Ferreres (Madrid: Taurus, 1968).

——*Poesía y prosa*, ed. Oreste Macrí (Madrid: Espasa-Calpe, 1989).

——*Soledades. Galerías. Otros poemas*, ed. Geoffrey Ribbans (Madrid: Cátedra, 1991).

——*Soledades. Galerías. Otros poemas*, ed. Geoffrey Ribbans (Barcelona: Altaya, 1995).

——*Poesía*, ed. José Carlos Mainer (Barcelona: Ediciones Vicens Vives, 1995).

——*Antología comentada* (Madrid: Ediciones de la Torre, 1999).

Machado, José, *Últimas soledades del poeta Antonio Machado: recuerdos de su hermano José* (Madrid: Ediciones de la Torre, 1999).

Machado, Manuel y Antonio, *Obras completas* (Madrid: Editorial Biblioteca Nueva, 1978).

Macrí, Oreste, "Amistades de Antonio Machado", *Ínsula*, 158, enero, (1960), pp. 3 y 15.

Martinón, Miguel, "El pensamiento poético de Antonio Machado (primera época, hasta 1907", *Revista de Filología de la Universidad de La Laguna*, núm. 16, (1998), pp. 197–230.

Madrid, Francisco, *La vida altiva de Valle Inclán* (Buenos Aires: 1943).

Martínez Cachero, José María, "Salvador Rueda y el modernismo", *Boletín de la Biblioteca Menéndez y Pelayo*, XXXIV, (1958) pp. 41–61.

——"Algunas referencias sobre antimodernismo español", *Archivum*, nº III, (1959), pp. 311–333.

——"Reacciones antimodernistas en la España de fin de siglo", en Guillermo Carnero *Actas del Congreso Internacional sobre el Modernismo Español e Hispanoamericano* (Córdoba: Diputación Provincial, 1987) pp. 125–143.

McDermott, Patricia, "The Triumph of Modernism: the *Helios* Campaign, 1903-1904", *Renaissance and Modern Studies: Juan Ramón Jiménez (1881–1958)*, Vol. XXI, (1977), pp. 40–57.

Morales, Javier Carlos, "Dos versiones del modernismo: la conciencia del tiempo en Rubén Darío y Antonio Machado", *Revista de Literatura*, núm. 123, (2000), pp. 107–131.

Navarro Tomás, Tomás, "La versificación de Antonio Machado", *La Torre*, XII, 45–46, (1964), pp. 425–443.

Navas Ruiz, Ricardo "Felipe IV, notas a un poema", *Papeles de Son Armadans*, XLIX, (1968), pp. 87–94.

Núñez, Antonio, "En torno a las figuras de 98: Antonio Machado en los recuerdos de Ricardo Calvo", *Ínsula*, núms. 236–237, (1966), p. 9.

O´Riordan, Patricia, *Helios, revista del modernismo (1903–1904)* (Abaco, 4, 1973).

Palau de Nemes, G., *Vida y obra de Juan Ramón Jiménez* (Madrid: Gredos, 1957).

Pérez Ferrero, Miguel, *Vida de Antonio Machado y Manuel* (Madrid: Ediciones Rialp, 1947).

——*Vida de Antonio Machado y Manuel (*Madrid: Espasa-Calpe, 1973).

Phillips, Allen W., *Temas del modernismo hispánico y otros estudios* (Madrid: Gredos, 1974).

Ramsdem, H., *La ruta de Don Quijote* (Manchester: Manchester University Press, 1966).

——"Depuración and poesía pura in the work of Juan Ramón Jiménez", *Renaissance and Modern Studies: Juan Ramón Jiménez (1881–1958)*, Vol. XXI, (1977), pp. 121–155.

Ribbans, Geoffrey, "La influencia de Verlaine en Antonio Machado (Con nuevos datos sobre la primera época del poeta)", *Cuadernos Hispanoamericanos*, núms. 91–92, julio-agosto, (1957), pp. 180–201.

——"Antonio Machado's *Soledades* (1903); A Critical Study", *Hispanic Review*, XXX, (1962), pp. 194–215.

——*La poesía de Antonio Machado antes de llegar a Soria* (Soria: Publicaciones de la Cátedra Antonio Machado, 1971)

——*Niebla y soledad. Aspectos de Unamuno y Machado* (Madrid: Gredos, 1971).

Rodríguez, Marta, *El intimismo en Antonio Machado. Estudio de la evolución de la obra poética del autor* (Madrid: Gredos: 1971).

Rodríguez Baltanas, Enrique, *Antonio Machado. Nueva biografía* (Sevilla: Diputación de Sevilla, 2001)

Romero López, Dolores, *Concordancias y variantes de las Soledades de Antonio Machado (1903–1907)* (Salamanca, Ediciones de la Universidad, 1993) [microficha].

——, *La tópica de la poesía modernista española (1900–1907):*

Concordancias y teoría (Salamanca, Ediciones de la Universidad, 1993) [microficha].

Romo Arregui, J. "Salvador Rueda, bibliografía", *Cuadernos de Literatura Contemporánea*, núm. 7, (1943), pp. 84–88.

Carnero, Guillermo, "Salvador Rueda, teoría y práctica del modernismo", en *Actas del Congreso Internacional sobre el Modernismo Español e Hispanoamericano* (Córdoba: Diputación Provincial, 1987), pp. 277–298,

Sánchez Barbudo, A., *Estudios sobre Unamuno y Machado*, (Madrid: Guadarrama, 1959),

Segre, Cesare, "Sistema y estructura de las *Soledades* de Antonio Machado", en *Crítica bajo control* (Barcelona: Planeta, 1970), pp. 103–150.

——*Semiótica filológica (Textos y modelos culturales)* (Murcia: Ediciones de la Universidad, 1990).

Segre, Cesare, "Sistema y estructura en las *Soledades* de Antonio Machado", en *Crítica bajo control* (Barcelona: Planeta, 1970, 103–50).

Serrano Poncela, *Antonio Machado, su mundo y su obra*, (Barcelona: Losada, 1954)

Tamayo, Juan Antonio, "Salvador Rueda o el ritmo", *Cuadernos de Literatura Contemporánea*, núm. 7, (1943), pp. 3–35.

Unamuno, Miguel, *Viejos y jóvenes*, (Madrid: Espasa-Calpe, 1956).

Valle, Heliodoro del, "Antonio Machado: Bibliografía", *Revista Hispánica Moderna*, XV, (1949), p. 81.

Varios, *Bibliografía machadiana. Bibliografía para un centenario* (Madrid: Biblioteca Nacional, 1976).

Varo Zafra, Juan, "100 años de Soledades: algunas notas sobre el pensamiento poético del primer Antonio Machado", *Humanitas. Revista de la Facultad de Humanidades y Ciencias de la Educación de la Universidad de Jaén*, núm. 3, (2003), pp. 97–106.

Verdú de Gregorio, Joaquín, *Antonio Machado: (1875–1939)*, (Madrid: Ediciones de Orto, 1999)

Villa Pastur, J., "Juan Ramón Jiménez ante la poesía de Miguel de Unamuno y Antonio Machado", *Archivum*, enero-abril, tomo V, (1955), pp. 136–147.

Villena, Luis Antonio de, "Un parnasiano español, Antonio de Zayas, entre el modernismo y la reacción", *Ínsula*, núm. 415, (1981), p. 3.

Walters Gareth D. (ed.), *Estelas en la mar. Essays on the Poetry of Antonio Machado (1875–1939)* (Glasgow: University of Glasgow, 1992).

Yndurain, Domingo, *Ideas recurrentes de Antonio Machado (1898–1907)* (Madrid: Turner, 1975).

Zubiria, R. de, *La poesía de Antonio Machado* (Madrid: Gredos, 1955).

Antonio Machado

Soledades[1]

Poesías

1903
Imprenta de A. Álvarez.-Barco, 20.
MADRID[2]

A mis queridos amigos
Antonio de Zayas
y Ricardo Calvo[3].

---

1   En 1907 figura el título *Soledades. Galerías. Otros poemas.* En caso de no indicarse lo contrario todas las notas a pie de página que muestren variantes se refieren a la edición de Pueyo.
2   Madrid, Librería de Pueyo, Mesonero Romanos, 10, 1907.
3   La dedicatoria en la edición de Pueyo reza "A D. Agustín Carreras y a D. Antonio Gaspar del Campo".

DESOLACIONES Y MONOTONÍAS[4]

Tarde[5]

I [6]

Fué una clara tarde, triste y soñolienta,
del lento verano[7]. La hiedra asomaba
al muro del parque, negra y polvorienta . . .
Lejana una fuente riente sonaba[8].

Rechinó en la vieja cancela mi llave;
con agrio ruido abrióse la puerta
de hierro mohoso y, al cerrarse, grave
sonó en[9] el silencio de la tarde muerta.

En el solitario parque, la sonora
copla borbollante del agua cantora,
me guió á la fuente, *que alegre*[10] vertía
sobre el blanco mármol su monotonía!

II [11]

La fuente cantaba: ¿Te recuerda, hermano,
un sueño lejano mi *copla*[12] presente? . . .
Fué una tarde lenta del lento verano.

Respondí á la fuente:
No recuerdo, hermana,
más[13] sé que tu copla presente es lejana.

---

4 En 1907: **SOLEDADES**.
5 Se pone en cursiva lo reemplazado de la edición de 1903. En nota a pie de página se muestra la variante recogida en la edición de 1907 o, en su caso, en la revista donde se haya publicado con anterioridad. Todas las variantes que se sobre este poema se refieren a la edición *Soledades. Galerías. Otros poemas.* **VI.**
6 ★ ★ ★
7 tarde de verano
8 La fuente sonaba
9 golpeó
10 La fuente
11 ★ ★ ★
12 canto
13 Errata sin corregir.

63

Fué esta misma tarde: mi cristal vertía
como hoy sobre el mármol su *clara harmonía*[14].
¿Recuerdas, hermano?...Los mirtos talares,
que ves, sombreaban los claros cantares,
que escuchas *ahora. Del árbol obscuro*
el fruto colgaba, dorado y maduro[15].
¿Recuerdas[16] hermano? . . .
Fué esta misma lenta tarde de verano.

—No sé qué me dice tu copla riente
de ensueños lejanos, hermana la fuente[17].
Yo *se*[18] que tu claro cristal de alegría
ya supo del árbol de fruta bermeja;
yo *se*[19] que es lejana la amargura mía
que sueña en la tarde de verano vieja.

Yo *se*[20] que tus bellos espejos cantores
copiaron antiguos delirios de amores:
más[21] cuéntame, fuente de lengua encantada,
cuéntame mi alegre leyenda olvidada.

III[22]
—Yo no *se*[23] leyendas de antigua alegría,
sino historias viejas de melancolía.
Mis claros, alegres espejos cantores
te dicen riendo lejanos dolores[24].

14   monotonía
15   Del rubio color de la llama
     el fruto maduro pendía en la rama
     lo mismo que ahora.
16   ,
17   Separación estrófica.
18   Corregido en la "Fe de erratas" (1903): sé
19   Idem.
20   Idem.
21   mas
22   ★ ★ ★
23   sé
24   Versos en cursiva suprimidos en la edición de 1907.

Fué una clara tarde del lento verano . . .[25]
Tú venías solo con tu pena, hermano;
tus labios besaron mi linfa serena,
y, en la clara tarde, dijeron tu pena.
Dijeron tu pena tus labios que ardían[26]
la sed que ahora tienen, entonces tenían.

—Adiós para siempre, la fuente sonora,
del parte dormido eterna cantora.
Adiós para siempre, tu monotonía[27]
alegre es más triste que la pena mía.[28]

Rechinó en la vieja cancela mi llave;
con agrio ruido abrióse la puerta
de hierro mohoso y, al cerrarse, grave
sonó en el silencio de la tarde muerta.

Los cantos de los niños[29]

A Rubén Darío[30]

I
Yo escucho *las coplas*[31]
de viejas cadencias,
que los niños cantan
en las tardes lentas
del lento verano[32],
cuando en coro juegan[33]
y vierten en coro
sus almas que sueñan,
cual vierten sus aguas

25   Este verso en cursiva forma parte de la estrofa anterior.
26   Verso en cursiva que forma parte de la estrofa siguiente.
27   ,
28   fuente, es más amarga que la pena mía
29   Se anotan las variantes en la edición de Pueyo (1907). VIII
30   No figura la dedicatoria.
31   los cantos
32   Versos en cursiva omitidos.
33   Separación estrófica.

las fuentes de piedra:[34]
con monotonías
de risas eternas
que no son alegres,
con lágrimas viejas[35]
que no son amargas
y dicen tristezas,
tristezas de amores
de antiguas leyendas.

II[36]
En los labios niños,
las canciones llevan
confusa la historia
y clara la pena;[37]
como clara el agua
lleva su conseja
de viejos amores,
que nunca se cuentan.

III [38]
A la paz en sombra[39]
de una plaza vieja[40]
los niños cantaban...[41]
La fuente de piedra
vertía su eterno
cristal de leyenda.[42]
Cantaban los niños
canciones *ingénuas*[43],
de un algo que pasa
y que nunca llega,

34   Separación estrófica.
35   Separación estrófica.
36   La numeración no figura en la edición de 1907.
37   Separación estrófica.
38   En su lugar aparece ★★★
39   Jugando, á sombra
40   ,
41   Separación estrófica.
42   Separación estrófica.
43   ingenuas

la historia confusa
y clara la pena.[44]
Vertía la fuente
su eterna conseja:
borrada la historia
contaba la pena.

*[45]*La fuente*

Desde la boca de un dragón caía
en la espalda desnuda
del *Mármol*[46] del Dolor,
—*soñada en piedra contorsión ceñuda*—[47]
la carcajada fría
del agua, que á la pila descendía
con un frívolo, erótico rumor.
Caía *al claro rebosar riente*
de la taza, y cayendo, diluía
en la planicie muda de la fuente
la risa de sus ondas de ironía . . .
Del tosco[48] mármol la arrugada frente
hasta el hercúleo pecho se abatía[49].
Misterio de la fuente, en tí[50] *las horas*
sus redes tejen de invisible hiedra;

---

44 Separación estrófica.
45 Con el asterisco se indica que el poema ha desaparecido en la edición de 1907.
    En el número de *Electra*, I, 3, 30-III-1901 aparece una versión totalmente
    diferente. De ella dejo constancia en las notas a pie de página.
46 mármol
47 (de un bárbaro cincel estatua ruda),
48 lentamente,
    y cayendo reía
    en la planicie desnuda de la fuente
    al golpear sus gotas de ironía
    mientras del
49 . . .
50 Errata sin corregir.
51 Errata sin corregir.

cautivo en ti[51]*, mil tardes soñadoras*
el símbolo adoré de agua y de piedra.[52]

A*un*[53] no comprendo *el mágico*[54] sonido
del agua, ni del mármol silencioso
el cejijunto gesto contorcido
y el éxtasis convulso y[55] doloroso.
Pero una doble eternidad presiento
que en mármol calla y en cristal murmura
alegre *copla equívoca y*[56] lamento
de una infinita y bárbara tortura.
Y doquiera que me halle, en mi memoria,
—sin que mis pasos á la fuente guíe—
el símbolo enigmático aparece . . .[57]
y alegre el agua *brota*[58] y salta y ríe,
y el ceño del titán se entenebrece.[59]
Hay amores extraños en la historia,
de mi largo camino sin amores,
y el mayor es la fuente,
cuyo dolor anubla mis dolores,
cuyo lánguido espejo sonriente[60]
me desarma de brumas y rencores.

52 En el pretil de jaspe, reclinado,
    mil tardes soñadoras he pasado,
    de una inerte congoja sorprendido,
    el símbolo admirando de agua y piedra,
    y a su misterio unido
    por invisible abrazadora hiedra.
53 Errata sin corregir.
54 nada en el
55 al humano leguaje he traducido
    el convulsivo gesto
56 salmo y lúgubre
57 Este verso no aparece en la versión de *Electra*.
58 pasa
59 el símbolo gigante se aparece,
    Y el disperso penacho de armonías,
    vuelve a reír sobre la piedra muda;
    y cruzan centellantes juglarías
    de luz la espalda del titán desnuda.
    ***
60 ,

La vieja fuente adoro;
el sol la surca de alamares de oro,
la tarde la *cairela*[61] de escarlata
y de arabescos *fúlgidos*[62] de plata.
Sobre ella el cielo tiende
su loto azul más puro;
y cerca de ella,[63] el amarillo esplende
del limonero entre el ramaje oscuro.[64]
Misterio de la fuente, en tí[65] *las horas*
sus redes tejen de invisible hiedra;
cautivo en tí[66] *mis tardes soñadoras*
el símbolo adoré de agua y de piedra;
el rebosar de tu marmórea taza,
el claro y loco borbollar riente
en el grave silencio de tu plaza,
y el ceño torvo del titan[67] *doliente.*
  Y en tí[68] *soñar y meditar*[69] querría
libre ya del rencor y la tristeza,
hasta sentir, sobre la piedra fría,
que se cubre de musgo mi cabeza.

61   salpica
62   mágicos
63   En *Electra* sin coma.
64   ★★★
65   Errata sin corregir.
66   Errata sin corregir.
67   Errata sin corregir.
68   Errata sin corregir.
69   En las horas más áridas y tristes
     y luminosas dejo
     la estúpida ciudad, y el parque viejo
     de opulento ramaje
     me brinda sus veredas solitarias,
     cubiertas de eucaliptus y araucarias,
     como inerte fantasma de paisaje.
     Donde el agua y el mármol, en estrecho
     abrazo de placer y armonía
     de un infinito amor llenan mi pecho,
     donde soñar y reposar

*Invierno

Hoy la carne aterida
el rojo hogar en el rincón obscuro
busca medrosa. El huracan[70] frenético
ruge y silba, y el árbol esquelético
se abate en el jardín y azota el muro.
Llueve. Tras el cristal de la ventana,
turbio, la tarde parda y rencorosa
se ve flotar en el paisaje yerto,
y la nube lejana
suda amarilla palidez de muerto.
El cipresal sombrío
lejos negrea y el pinar menguado,
que se esfuma en el aire achubascado,
se borra al pié[71] del Guadarrama frío.

*Cenit

Me dijo el agua clara que reía,
bajo el sol, sobre el mármol de la fuente:
si te inquieta el enigma del presente
aprende el son de la salmodia mía.
Escucha bien en tu pensil de Oriente
mi alegre canturía,
que en los tristes jardines de Occidente
recordarás mi risa clara y fría[72].
Escucha bien que hoy dice mi salterio
su enigma de cristal á tu misterio
de sombra, caminante: Tu destino
será siempre vagar ¡oh peregrino
del laberinto que tu sueño encierra!
Mi destino es reir[73]: sobre la tierra
yo soy la eterna risa del camino.

70   Errata sin corregir.
71   Errata sin corregir.
72   Errata sin corregir.
73   Errata sin corregir.

*El mar triste

Palpita un mar de acero de olas grises
dentro los toscos murallones roídos[74]
del puerto viejo. Sopla el viento norte
y riza el mar. El triste mar arrulla
una ilusión amarga con sus olas grises.
El viento norte riza el mar, y el mar azota
el murallón del puerto.
Cierra la tarde el horizonte
anubarrado. Sobre el mar de acero
hay un cielo de plomo.
El rojo bergantín es un fantasma
sangriento, sobre el mar, que el mar sacude . . .
Lúgubre zumba el viento norte y silba triste
en la ágria[75] lira de las járcias[76] recias.
El rojo bergantín es un fantasma
que el viento agita y mece el mar rizado,
el fosco mar rizado de olas grises.

Noche[77]

Siampre[78] fugitiva y siempre
cerca de mí[79] en negro manto
mal cubierto el desdeñoso
gesto de tu rostro pálido.[80]
No sé dónde vas, ni dónde
tu vírgen[81] belleza tálamo
busca en la noche. No sé
qué sueños cierran tus párpados,[82]

---

74 Errata sin corregir.
75 Errata sin corregir.
76 Errata sin corregir.
77 Las variantes anotadas a pie de página corresponden a la edición de 1907. XVI
78 Siempre
79 mí
80 Separación estrófica.
81 virgen
82 Separación estrófica.

ni de quién haya entreabierto
tu lecho inhospitalario.
.... [83]
Deten[84] tu paso, belleza
esquiva, *deten*[85] el paso . . .
Besar quisiera la amarga,
amarga flor de tus labios.

Horizonte[86]

En una tarde clara y amplia como el hastío,
cuando su lanza tórrida blande el viejo verano,
copiaban el fantasma de un triste sueño mío
mil sombras en teoría *y*[87] enhiestas sobre el llano.[88]
La gloria del Ocaso era un purpúreo espejo,
era un cristal de llamas, que al infinito viejo
iba arrojando el *triste*[89] soñar en la llanura . . .
Y yo sentí la espuela sonora de mi paso[90]
repercutir lejana en el sangriento Ocaso,
y aun más allá, la alegre canción de un alba pura.

*Crepúsculo

Caminé hacia la tarde de verano
para quemar, tras el azul del monte,
la mirra amarga de un amor lejano
en el ancho flamígero horizonte.
Roja nostalgia el corazón sentía,
sueños bermejos, que en el alma brotan
de lo inmenso inconsciente,

---

83   Separación estrófica.
84   Detén
85   detén
86   Las anotaciones según la edición de 1907. XVII Horizonte.
87   ,
88   Separación estrófica.
89   grave
90   Separación estrófica.

cual de región caótica y sombría
donde ígneos astros como nubes, flotan,
informes, en un cielo lactescente.
Caminé hacia el crepúsculo glorioso,
congoja del estío, evocadora
del infinito ritmo misterioso
de olvidada locura triunfadora.
De locura adormida, la primera
que al alma llega y que del alma huye,
y la sola que torna en su carrera
si la ágria[91] ola del ayer refluye.
La soledad, la musa que el misterio
revela al alma en sílabas preciosas
cual notas de recóndoto salterio,
los primeros fantasmas de la mente
me devolvió, á la hora en que pudiera,
caida[92] sobre la ávida pradera
ó sobre el seco matorral salvaje,
un áscua del crepúsculo fulgente,
tornar en humo el árido paisaje.
Y la inmensa teoría
de gestos victoriosos
de la tarde rompía
los cárdenos nublados congojosos.
Y muda caminaba,
en polvo y sol envuelta, sobre el llano,
y en confuso tropel, mientras quemaba
sus inciensos de púrpura el verano.

---

91 Errata sin corregir.
92 Errata sin corregir.

★Otoño

El cárdeno otoño
no tiene leyendas
para m*i*[93]. Los salmos
de las frondas muertas,
jam*as*[94] he escuchado,
que el viento se lleva.
Yo no s*e*[95] los salmos
de las hojas secas,
sino el sueño verde
de la amarga tierra.

93   Errata sin corregir.
94   Errata sin corregir.
95   Errata sin corregir.

DEL CAMINO

Preludio[96]

Mientras la sombra pasa de un santo amor[97] hoy quiero
leer[98] un dulce salmo sobre mi viejo atril.
Acordaré las notas del órgano severo
al suspirar fragante del pífano de Abril.[99]
Maduraran[100] su aroma las pomas otoñales,
la mirra y el incienso salmodiarán su olor;
exhalarán su fresco perfume los rosales,
bajo la paz en sombra del tibio huerto en flor.[101]
Al grave acorde lento de música y aroma
la sola y vieja y noble razón de mi rezar,
levantará su vuelo suave de paloma
y la palabra blanca se elevará al altar.

I[102]

Daba el reloj las doce . . . y eran doce
golpes de azada en tierra . . .[103]
. . . ¡Mi hora!-grité- . . . El silencio
me respondió:-No temas:[104]
tú no verás caer la última gota
que en la clepsidra tiembla.[105]
Dormirás muchas horas todavía
sobre la orilla vieja,
y encontrarás una mañana pura
amarrada tu barca á otra ribera.

---

96 Las notas se refieren a la edición de 1907.
97 ,
98 poner
99 Separación estrófica.
100 Madurarán
101 Separación estrófica.
102 En *Revista Ibérica*, 3, 20-VIII-1902 se publicó sin estrofas, como será después
     reproducido en *Soledades* (1903). En *Los Lunes de El Imparcial*, 16-VII-1906 se
     reprodujo con estrofas como en la edición de 1907.
103 Separación estrófica.
104 ;
105 Separación estrófica.

II

Sobre la tierra amarga
caminos tiene el sueño
laberínticos, sendas tortuosas,
parques en flor y en sombra y en silencio;[106]
criptas hondas, escalas sobre estrellas;
retablos de esperanzas y recuerdos.
Figurillas que pasan y *sonrien*[107],
—juguetes melancólicos de viejo—[108]
imágenes *sombrías*[109]
á la vuelta florida del sendero,
y quimeras rosadas
que hacen camino . . . lejos . . .

III[110]

En la *miseria lenta*[111] del camino
la hora florida[112], brota,
de tu amor, como[113] espino solitario
del valle humilde *á*[114] la revuelta umbrosa.[115]
El salmo verdadero
de tenue voz hoy torna
lento á mi corazón y da á mis labios[116]
la palabra quebrada y *temblosa*[117].[118]
Mis viejos mares duermen; se apagaron
sus espumas sonoras
sobre la playa estéril. La *borrasca*[119]

---

106 Separación estrófica.
107 sonríen
108 Separación estrófica.
109 amigas
110 En *Los Lunes de El Imparcial*, 16-VII-1906 se mantiene el mismo texto que en
     las *Soledades* de 1903. Las variantes de las notas se refieren a la edición de
     Pueyo.
111 desnuda tierra
112 En 1907 desaparece la coma.
113 Texto en cursiva omitido.
114 en
115 Separación estrófica.
116 al corazón y al labio
117 Corrección en la "Fe de erratas" (1903): temblorosa
118 Separación estrófica.
119 tormenta

camina lejos en la nube torva.[120]
Vuelve la paz al cielo;
la brisa tutelar esparce aromas
otra vez sobre el campo, y aparece
en la bendita soledad tu sombra.

*IV

Dime, ilusión alegre,
¿dónde dejaste tu ilusión hermana,
la niña de ojos trémulos
cual roto sol en una alberca heleda?[121]
Era más rubia que los rubios linos.
Era más blanca que las rosas blancas.
Una mañana tibia sonreía
en su carne nevada
dulce á los besos suaves.
Liviano son de cítaras lejanas,
triste como el suspiro de los bosques
cuando en la tarde fría el viento pasa,
hubo en su voz. Y luz en flor y sombra
de oro en sus cejas tímidas brillaba.
Yo la amé como á un sueño
de lirio en lontananza;
en las vísperas lentas, cuando suenan
más dulces las campanas,
y blancas nubes su vellón esparcen
sobre la espuma azul de la montaña.

V[122]

Crear fiestas de amores
en nuestro amor pensamos,
quemar nuevos aromas
en montes no pisados,[123]
y guardar el secreto

---

120 Separación estrófica.
121 Errata sin corregir.
122 El texto publicado en *Los Lunes de El Imparcial*, 16-VII-1906 es similar al de las primeras *Soledades*. Las variantes que se indican se refieren a la edición de Pueyo.
123 Separación estrófica.

de nuestros rostros pálidos,
porque en las bacanales de la vida
vacías nuestras copas conservamos,[124]
mientras con eco de cristal y espuma
rien[125] los zumos de la vid dorados.

....

Un pájaro escondido *en la enramada*[126]
del parque solitario,
silba burlón . . .
Nosotros exprimimos
la penumbra de un sueño en nuestro vaso . . .
y algo, que es tierra en nuestra carne, siente
la humedad del jardín como un halago.

VI

Arde en tus ojos un misterio, virgen
esquiva y compañera.[127]
No sé si es odio ó *si*[128] es amor la lumbre
inagotable de tu aljaba negra.[129]
Conmigo irás mientras proyecte sombra
mi cuerpo y quede á mi sandalia arena.[130]
¿Eres la sed ó el agua en mi camino?
Dime; virgen esquiva y compañera.

VII[131]

¡Tenue rumor de túnicas que pasan
sobre la infértil tierra!...
¡y lágrimas sonoras
de las campanas viejas![132]
Las ascuas mortecinas
del horizonte humean . . .

---

124 Separación estrófica.
125 ríen
126 entre las ramas
127 Separación estrófica.
128 Omitido.
129 Separación estrófica.
130 Separación estrófica.
131 En *Revista Ibérica*, 3, 20-VIII-1902 se reproduce el mismo texto que en
    Soledades. Las variantes anotadas se refieren a la edición de 1907.
132 Separación estrófica.

Blancos fantasmas lares
van encendiendo estrellas.[133]
—Abre el balcón. La hora
de una ilusión se acerca . . .
La tarde se ha dormido ·
y las campanas sueñan.

VIII[134]

¡Oh, figuras del atrio, más humildes
cada día y lejanas;
mendigos harapientos
sobre marmóreas gradas;[135]
miserables ungidos
de eternidades santas,[136]
manos que surgen de los mantos viejos
y de las rotas capas! . . .[137]
¿Pasó por vuestro lado
una ilusión velada,
de la mañana luminosa y fría
en las horas más plácidas? . . [138]
Sobre la negra túnica su mano
era[139] una rosa blanca . . .

IX[140]

Quizás la tarde lenta todavía
dará inciensos de oro á tu plegaria,
y quizás el *zenit*[141] de un nuevo día
amenguará tu sombra solitaria.[142]

133 Doble espacio.
134 Reproducido en *Revista Ibérica*, 3, 20-VIII-1902.
135 Separación estrófica.
136 Omitidos en la versión de *Revista Ibérica*.
137 Separación estrófica.
138 Separación estrófica.
139 En *Revista Ibérica*, Era su mano blanca entre las rosas como
140 En *Revista Ibérica*, 3, 20-VIII-1902, se reproduce la misma versión que en las primeras *Soledades*.
141 cenit
142 Separación estrófica.

Más[143] no es tu fiesta el Ultramar lejano.
sino la ermita junto al manso río;
no tu sandalia el soñoliento llano
pisara[144] ni la arena del hastío.[145]
Muy cerca está, romero,
la tierra verde y santa y florecida
de tus sueños, muy cerca, peregrino
que desdeñas la sombra del sendero
y el agua del mesón en tu camino.

X[146]

　　Algunos lienzos del recuerdo tienen
luz de jardín y soledad de campos;
la placidez del sueño
en el paisaje familiar soñado.[147]
Otros guardan las fiestas
de días *aun*[148] lejanos;
figuritas sutiles
que *caben de un juglar en el*[149] retablo . . .
. . . .[150]
Ante el balcón florido
está la cita de un amor amargo.[151]
Brilla la tarde en el resol bermejo . . .
La hiedra efunde de los muros blancos . . .[152]
A la revuelta de una calle en sombra
un fantasma irrisorio besa un nardo.

143　Mas
144　En la "Fe de erratas" de *Soledades* (1903) se corrige: pisará
145　Separación estrófica.
146　En *Revista Ibérica*, 3, 20-VIII-1902 se reproduce el mismo texto que en *Soledades* (1903).
147　Separación estrófica.
148　aún
149　que pone un titirero en su
150　Doble espacio.
151　Separación estrófica.
152　Separación estrófica.

XI

Crece en la plaza en sombra
el musgo y en la piedra vieja y santa
de la iglesia. En el *átrio*[153] hay un mendigo . . .
Más vieja que la iglesia tiene el alma.[154]
Sube muy lento en las mañanas frías
por la marmórea grada,
hasta un rincón de piedra . . . Allí aparece
su mano seca entre la rota capa.[155]
Con las órbitas huecas de sus ojos
ha visto *como*[156] pasan
las blancas sombras, en los claros días,
las blancas sombras en las horas santas.

XII

Las *áscuas*[157] de un crepúsculo morado
detrás el negro cipresal humean . . .
En la glorieta en sombra está la fuente
con su alado y desnudo Amor de piedra,
que sueña mudo. En la marmóra taza
reposa el agua muerta.

XIII

¿Mi amor? . . . ¿Recuerdas, dime,
aquellos juncos tiernos,
lánguidos y amarillos
que hay en el cauce seco? . . .[158]
¿Recuerdas la amapola
que calcinó el verano,
la amapola marchita,
negro crespón del campo? . . .[159]
¿Te acuerdas del sol yerto
y humilde en la mañana

153 atrio
154 Separación estrófica.
155 Separación estrófica.
156 cómo
157 ascuas
158 Doble espacio.
159 Doble espacio.

que brilla y tiembla roto
sobre una fuente helada? . . .

*XIV[160]
Siempre que sale el alma de la obscura
galería de un sueño de congoja,
sobre un campo de luz tiende la vista
que un frío sol colora.
Surge el hastío de la luz; las vagas,
confusas, turbias formas
que poblaban el aire, se disipan,
ídolos del poeta, nebulosas
amadas de las vísperas carmíneas
que un sueño engendra y un oriente borra.
Y á martillar de nuevo el agrio hierro
se apresta el alma en las ingratas horas
de inútil laborar, mientras sacude
lejos la negra ola
de misteriosa marcha,
su penacho de espuma silenciosa . . .
¡Criaderos de oro lleva
en su vientre de sombra! . . .

XV[161]
Me dijo un alba de la primavera:
Yo florecí en tu corazón sombrío
ha muchos años, caminante viejo
que no cortas las flores del camino.[162]
Tu corazón de sombra[163] ¿acaso guarda
el viejo aroma de mis viejos lirios?
¿Perfuman *aun*[164] mis rosas la alba frente
del hada de tu sueño adamantino?[165]
Respondí a la mañana:
Solo[166] tienen cristal los sueños míos.

---

160 En *Electra*, I, 3, 30-III-1901 se reproduce el mismo texto que en *Soledades*.
161 XIV
162 Separación estrófica.
163 ,
164 aún
165 Separación estrófica.
166 Sólo

Yo no conozco el hada de mis sueños
ni sé si está mi corazón florido.[167]
Pero si aguardas la mañana pura
que ha de romper el vaso cristalino,
quizás el hada te dará tus rosas
mi corazón tus lirios.

XVI[168]

¡Oh, dime, noche amiga, amada vieja,
que me traes el retablo de mis sueños
siempre desierto y desolado y solo
con mi fantasma dentro,
mi pobre sombra triste
sobre la estepa y bajo el sol de fuego,
ó soñando amarguras
en las *coplas*[169] de todos los misterios,
dime, si sabes, vieja amada, dime
si son mías las lágrimas que vierto.
Me respondió la noche:
Jamás me revelaste tu secreto.
Yo nunca supe, amado,
si eras *tu*[170] ese fantasma de tu sueño,
ni averigüé si era su voz la tuya,
ó era la voz de un histrión grotesco.

*   *   *

Dije á la noche: Amada mentirosa,
tu sabes mi secreto,
tu has visto la honda gruta
donde fabrica su cristal mi sueño,
y sabes que mis lágrimas son mías,
y sabes mi dolor, mi dolor viejo.

*   *   * [171]

---

167 Doble espacio.
168 Se publica en *Ateneo*, IV, 1907, con el título "¡OH DIME, NOCHE AMIGA!
     En *Soledades. Galerías. Otros poemas*: XV. Variantes establecidas en relación a la
     edición de 1907.
169 voces
170 tú
171 En la edición de 1907 desaparecen los asperiscos.

¡Oh! yo no sé, dijo la noche, amado,
yo no sé tu secreto,
aunque he escuchado atenta el salmo oculto
que hay en tu corazón, de ritmo lento;
y aunque he visto vagar ese que dices,
desolado fantasma, por tu sueño.
Yo me asomo á las almas cuando lloran
y escucho su hondo rezo,
humilde y solitario,
ese que llamas salmo verdadero;
pero en las hondas bóvedas del alma
no se si el llanto es una voz o un eco.
Para escuchar tu queja de tus labios,
yo te busqué en tu sueño.
y *allá*[172] te *ví*[173] vagando en un borroso
laberinto de espejos.

———— [174]

172 allí
173 vi
174 Omitido.

SALMODIAS DE ABRIL[175]

A. D. Ramón del Valle Inclán[176]

*Preludio[177]

El pífano de Abril sonó en mi oído[178]
lento, muy lento y sibilante y suave . . .
De la campana resonó el tañido
como un suspiro seco y sordo y grave.
El pífano de Abril lento decía:
Tu corazón verdece,
tu sueño está en flor. Y el son plañía
de la campana: Hoy á la sombra crece
de tu sueño también, la flor sombría.

Canción[179]

I[180]

Abril florecía
frente á mi ventana.
Entre los jazmines
y las rosas blancas
de un balcón florido
vi las dos hermanas.
La menor cosía,
la mayor hilaba . . .
Entre los jazmines
y las rosas blancas,
la más pequeñita,

175 CANCIONES Y COPLAS
176 Omitido
177 Se publicó por primera vez en *Electra*, 9, 11-V-1901, con el título SALMODIAS DE ABRIL.
178 Errata sin corregir.
179 I
180 Las tres secciones no aparecen en *Soledades. Galerías. Otros poemas.*

risueña y rosada,
su aguja en el aire
miró á mi ventana.
La mayor seguía,
silenciosa y pálida
el lino[181] en su rueca[182]
que lenta giraba.[183]
Abril florecía
frente á mi ventana.

★   ★   ★

II[184]
Una clara tarde
la mayor lloraba[185]
entre los jazmines
y las rosas blancas,
siguiendo la rueca
que lenta giraba.
Lejanas tañían
tristes las campanas.[186]
Lejanas tañían
tristes las campanas.[187]
¿*Que*[188] tienes?—le dije[189]
silenciosa[190] pálida.
Señaló el vestido
que empezó la hermana:
en la negra túnica
la aguja brillaba,

181 el huso
182 ,
183 que el lino enroscaba.
184 Numeración omitida.
185 ,
186 y ante el blanco lino
     que en su rueca hilaba.
187 Omitidos los dos versos últimos señalados con la letra cursiva.
188 Qué
189 .
190 Silenciosa,

sobre el blanco velo,
el dedal de plata.
Señaló á la tarde
de Abril que soñaba
al son dolorido
de lentas campanas.[191]
Y en la clara tarde
me enseñó sus lágrimas . . .
Abril florecía
frente á mi ventana.

★　★　★

III[192]
Fué otro Abril alegre
y otra tarde plácida.
El balcón florido
solitario estaba . . .
Ni la pequeñita
risueña y rosada,
ni la hermana triste
silenciosa y pálida,
ni la negra túnica,
ni la toca blanca . . .
Tan *solo*[193] en *la rueca*[194]
el lino giraba
por mano invisible;
y en la oscura sala
la luna del limpio
espejo brillaba . . .
Entre los jazmines
y las rosas blancas
del balcón florido,
mi miré en la clara

191 mientras que se oían
　　　tañer de campanas.
192 Numeración omitida.
193 sólo
194 el huso

luna del espejo
que lejos soñaba . . .
Abril florecía
frente á mi ventana.

*La tarde en el jardín
(FRAGMENTO)

Era una tarde en un jardín umbrío,
donde blancas palomas arrullaban
un sueño inerte, en el ramaje frío.
Las fuentes melancólicas cantaban.

El agua un ténue sollozar riente
en las alegres gárgolas ponía
y por estrecho surco, á un son doliente,
entre los verdes *bónibus*[195] corría.

Era un rincón de olvido y sombra y rosas
frescas y blancas entre lirios. Era
donde pulsa en las liras olorosas
recóndotas rapsodias Primavera,
y más lejos se ve que el Sol *explende*[196]
oculto tras la tapia ennegrecida,
que el aire sueña, donde el campo tiende
su muda, alegre soledad florida.

¡Noble jardín, pensé, verde salterio
que aternizas el alma de la tarde,
y llevas en tu sombra de misterio
estrecho ritmo al rorazón cobarde
y humedo *ároma*[197] al alma! en tus veredas
silenciosas, mil sueños resucitan
de un ayer, y en tus anchas alamedas
claras, los serios mármoles meditan
inmóviles secretos verticales

---

195 En la "Fe de erratas" (1903) aparece la corrección: evónimos.
196 En la "Fe de erratas" (1903) se corrige: esplende.
197 Errata sin corregir.

más graves que el silencio de tus plazas,
donde sangran amores los rosales
y el agua duerme en las marmóreas tazas.

   Secretos viejos del fantasma hermano
que á la risa del campo, el alto muro
dictó y la amarga simetría al llano
donde hoy se yergue el cipresal oscuro,
el sáuce llora y el laurel cimbrea,
el claror de los álamos desmaya
en el ambiente atónico y verdea
en el estanque el *explendor*[198] del haya.
Cantar tu paz en sombra, parque, el sueño
de tus fuentes de mármol, el murmullo
de tus cantoras gárgolas risueño,
de tus blancas palomas el arrullo,
fuera el salmo cantar de los dolores
que mi orgulloso corazón no encierra:
otros dolores buscan otras flores,
otro amor, otro parque en otra tierra.

★   ★   ★

   Abandoné el jardín, sueño y aroma,
bajo la paz del tibio azul celeste.
Orlaba lejos de oro el sol la loma;
el retamar daba su olor agreste.

   Corva la luna, blanca y soñolienta,
sobre la clara estrella solitaria,
iba trazando en el azul la lenta
ingrávida mitad de su plegaria.

198 En la "Fe de erratas" (1903) se corrige: esplendor.

Campo[199]

La vida hoy tiene ritmo
de ondas que pasan,
de olitas temblorosas
que fluyen y se alcanzan.

La vida hoy tiene ritmo de los ríos,
la risa de las aguas
que entre los *verdes*[200] junquerales corren
y entre las verdes cañas.

Sueño florido lleva el manso viento;
bulle la savia joven en las nuevas ramas;
tiemblan alas y frondas,
y la mirada sagital del águila
no encuentra presa . . . *treme el campo en sueños*[201],
vibra el sol como un arpa

Fugitiva ilusión de ojos guerreros
que por las selvas pasas
á la hora del cenit: tiemble en mi pecho *el oro*[202]
que llevas en la[203] aljaba!

En tus labios florece la alegría
de los campos en flor; tu veste alada
se aroma de las gualdas[204] velloritas,
las violetas perfuman tus sandalias.

Yo he seguido tus pasos en el viejo bosque,
arrebatados tras la corza *blanca*[205],
y los ágiles músculos rosados
de tus piernas silvestres entre verdes ramas.

---

199 En *Revista Ibérica*, 4, 1902, se publica con el título SALMODIAS DE ABRIL y
   en *Soledades. Galerías. Otros poemas*, aparece bajo el número V.
200 En *Revista Ibérica*: blandos
201 En *Revista Ibérica*: El campo parpadea
202 El sintagma en cursiva aparece en el verso siguiente.
203 de tu
204 aroman las primeras
205 rápida

¡Pasajera ilusión de ojos guerreros
que por las selvas pasas
cuando la tierra reverdece y ríen
los ríos en las cañas!
¡tiemble[206] en mi pecho el oro
que llevas en tu aljaba!

Ocaso[207]

I[208]
Me dijo una tarde
de la Primavera:
Si buscas caminos
en flor en la tierra,[209]
mata tus palabras
y oye tu alma vieja.
Los mismo ungüentos
y aromas y esencias
que en tus alegrías
verteré en tus penas.
Que el mismo albo lino
que te vista, sea
tu[210] traje de duelo,
tu[211] traje de fiesta.
Ama tu alegría
y ama tu tristeza;[212]
si buscas caminos
en flor en la tierra.

★   ★   ★

---

206 Tiemble
207 IV
208 Las dos secciones desaparecen en la edición de 1907.
209 En 1907 sin coma.
210 el
211 y el
212 ,

II[213]

Respondí á la tarde
de la Primavera:
Tu[214] has dicho el secreto
que en mi alma reza:
yo odio la alegría
porque odio la pena.
Más[215] antes que pise
tu florida senda,
quisiera traerte
muerta mi alma vieja.

★Nocturno

A Juan Ramón Jiménez
....

"berce sur l'azur qu' un vent *douce efleure*[216]
l'arbre qui frissonne et l' oiseau qui pleure".

Verlaine.

Sobre el campo de Abril la noche ardía
de gema en gema en el azul . . . El viento
un doble acorde en su laud tañía
de tierra en flor y sideral lamento.
....
Era un árbol sonoro en la llanura,
dulce cantor del campo silencioso,
que guardaba un sollozo de amargura
ahogado en el ramaje tembloroso.

---

213 Omitido el número.
214 Tú
215 Mas
216 Debería escribirse correctamente: doux effleure.

Era un árbol cantor, negro y de plata
bajo el misterio de la luna bella,
vibrante de una oculta serenata,
como el salmo escondido de una estrella.

Y era el beso del viento susurrante,
y era la brisa que las ramas besa,
y era el agudo suspirar silbante
del mirlo oculto entre la fronda espesa.

Mi corazón también cantara el almo
salmo del Abril bajo la luna clara,
y del árbol cantor el dulce salmo
en un temblor de lágrimas copiara,

—que hay en el alma un sollozar de oro
que dice grave en el silencio el alma,
como en silbante suspirar sonoro
dice el árbol cantor la noche en calma—

si no tuviese mi alma un ritmo estrecho
para cantar de Abril la pan en llanto,
y no sintiera el salmo de mi pecho
saltar con eco de cristal y espanto.

Mai piú[217]

A Francisco Villaespesa[218]

I[219]
Era una mañana y Abril sonreía.
Frente al horizonte *de rosa*[220] moría
la luna, muy blanca y opaca; tras ella,
cual *ténue*[221] ligera quimera, corría

217 VI
218 Dedicatoria omitida.
219 Las secciones se emiten en la edición de 1907.
220 dorado
221 tenue

la nube que apenas enturbia una estrella.

....

Como sonreía la rosa mañana
al sol del Oriente abrí mi ventana;
y en mi *alcoba triste*[222] penetró el Oriente
en canto de alondras, en risa de fuente
y suave perfume de flora temprana.[223]

Y le dije al alba de Abril que nacía:
Mañana de rosa: ¿aquél peregrino
que está en el camino, será la alegría?
—Si tal, la alegría que viene en camino,
dijo el Alba rosa de Abril que reía.[224]

★   ★   ★[225]

II[226]
Como ya sabía que aquel peregrino
era la alegría, lejos y en camino,
al sol del Oriente cerré mi ventana.
Y el sueño me trajo, de Abril y de Oriente,
el lindo retablo de un sueño riente
cuando sonreía la rosa mañana.[227]

★   ★   ★[228]

III[229]
Fué un clara tarde de melancolía.
Abril sonreía. Yo abrí las ventanas
de mi casa al viento . . . El viento traía
perfume de rosas, *plañir*[230] de campanas . . .

222 triste alcoba
223 ★ ★ ★
224 Versos omitidos.
225 Asteriscos omitidos.
226 Indicador de sección desaparece.
227 Versos omitidos.
228 Omitidos los asteriscos.
229 Numeración omitida.
230 doblar

Plañir[231] de campanas lejanas, llorosas,
suave de rosas aromado aliento . . .
. . . ¿Dónde están los huertos floridos de rosas?
¿Dónde están las dulces campanas al viento? . . .[232]
....
Pregunté á la tarde de Abril que moría:
¿Al fin la alegría se acerca á mi casa?
La tarde de Abril sonrió: La alegría
pasó por tu puerta-y luego, sombría:
Pasó por tu puerta. Dos veces no pasa.

Fantasía de una noche de Abril[233]

Al venerable maestro D. Eduardo Benot[234]

Sevilla? . . . Granada? . . . La noche de luna.
Angosta la calle, revuelta y moruna,
de blancas paredes y obscuras ventanas.
Cerrados postigos, corridas persianas . . .
El cielo vestía su gasa de Abril.

Un vino risueño me dijo el camino.
Yo escucho los áureos consejos del vino,
que el vino es á veces escala de ensueño:
Abril y la noche y el vino risueño
cantaron en coro su salmo de amor.

La calle copiaba, con sombra en el muro
el paso fantasma y el sueño maduro
de apuesto, embozado, *galan*[235] caballero:
espada tendida, calado sombrero . .
La luna vertía su blanco soñar.

231 Doblar
232 ¿Qué dicen las dulces campanas?
233 Poema que ha cambiado de sección en la edición de 1907. Se publicó también
    en *Renacimiento*, 8, octubre, 1907.
234 Dedicatoria omitida.
235 galán

Como un laberinto mi sueño torcía
de calle en calleja. Mi sombra seguía
de aquel laberinto la sierpe encantada,
en pos de una oculta plazuela cerrada.
La luna lloraba su dulce blancor.

⋆   ⋆   ⋆

La casa y la clara ventana florida,
de blancos jazmines y nardos prendida,
más blancos que el blanco soñar de la luna . . .
—Señora, la hora, tal vez importuna . . .
¿Qué espere? (La dueña se lleva el candil).

Ya *se*[236] que sería quimera, señora,
mi sombra galante buscando á la aurora
en noche de estrellas y luna, si fuera
mentira la blanca nocturna quimera
que usurpa á la luna su trono de luz.

¡Oh, dulce señora, más cándida y bella
que el éxtasis casto de llanto en la estrella
más casta del cielo! ¿por qué silenciosa[237]
oís mi noctuna querella amorosa?
¿Quién hizo, señora, cristal vuestra voz? . . .

⋆   ⋆   ⋆

La blanca quimera, parece que sueña.
Acecha en la oscura estancia la dueña
—Señora, si acaso otra sombra emboscada,
teméis, en la sombra, fiad en mi espada . . .
Mi espada se ha visto á la luna brillar.

236 sé
237 que la solitaria maturina estrella
     tan clara en el cielo! ¿Por qué silenciosa

¡Oh bella señora, más bella y más blanca
que el sol que en los parques azules arranca
su luz de jazmines! ¿Por qué mi querella
oís silenciosa con pasmo de estrella?
¡Malhaya la luna si es pasmo del sol![238]

¿Acaso os parece mi gesto anacrónico?
El vuestros es, señora, sobrado lacónico.
¿Acaso os asombra mi sombra embozada
de espada tendida y toca plumada? . . .
¿Seréis la cautiva del moro Gazul? . . .

Dijéraislo, y pronto mi amor os diría
el son de mi guzla y la algarabía
más dulce que oyera ventana moruna.
Mi guzla os dijera la noche de luna,
la noche de cándida luna de Abril.

Dijera la clara cantiga de plata
de patio moruno, y la serenata
que lleva el aroma de floridas preces
á los floreados altos ajimeces,[239]
los salmos de un blanco fantasma lunar.

Dijera las danzas de trenzas lascivas,
las muelles cadencias de ensueño, las vivas
centellas de lánguidos rostros velados,
los tibios perfumes, los huertos cerrados;
dijera el aroma letal del *haren*[240].

238 Estrofa omitida.
239 á los miradores y á los ajimeces,
240 harém

Yo guardo, señora, en mi viejo salterio
también una copla de blanco misterio,
la copla *mas*[241] suave, *mas*[242] dulce y *mas*[243] sabia
que eleva á[244] las claras estrellas de Arabia
[245]aromas de un moro jardín andaluz.

★   ★   ★

Silencio . . . En la noche la paz de la luna
alumbra la blanca ventana moruna.
Silencio . . . Es el musgo que brota y la hiedra
que lenta desgarra la tapia de piedra . . .
El llanto que vierte la luna de Abril.

★   ★   ★

—Si sois una sombra de la Primavera,
blanca entre jazmines, ó antigua quimera
soñada en las trovas de dulce cantores,
yo soy una sombra de muertos cantares,
y el signo de un álgebra vieja de amores:[246]
Los *acres*[247], lascivos, *dezires*[248] mejores,

los árabes albos nocturnos soñares,
las coplas mundanas, los salmos talares,
los nobles, sutiles concetos de flores[249]
poned en mis labios:
yo soy una sombra también del amor.

★   ★   ★

241 más
242 más
243 más
244 que evoca
245 y
246 Separación estrófica.
247 gayos
248 decires
249 Omitido.

Ya muerta la luna, mi sueño volvía
por la retorcida, moruna calleja.
El Sol en Oriente reía
su risa *mas*[250] vieja.

Nevermore[251]

¡Amarga primavera!
¡Amarga luz á mi rincón obscuro!
Tras la cortina de mi alcoba, espera
la clara tarde bajo el cielo puro.
En el silencio turbio de mi espejo
miro, en la risa de mi ajuar ya viejo,
la grotesca ilusión. Y del lejano
jardín escucho un sollozar riente:
trémula voz[252] del agua que borbota
alegre de la gárgola en la fuente,
entre verdes *ebónibus*[253] ignota.
Rápida *silba*[254], en el azur ingrave,
tras de la *ténue*[255] gasa,
si obscura banda, en leve sombra suave,
de golondrinas pasa.
Lejos miente otra fiesta el campanario,
tañe el bronce de luz en el misterio,
y hay más allá un plañido solitario,
cual nota de recóndito salterio.
¡Salmodías de Abril, música breve,
sibilación escrita
en el silencio de cien mares; leve
aura de ayer que túnicas agita!
¡Espíritu *de ayer*[256]! ¡sombra velada,
que prometes tu lecho hospitalario

250 más
251 Publicado por primera vez en *Electra*, 9, 11-V-1901.
252 En *Electra*: gargarismos
253 En la "Fe de erratas" (1903): evónimos.
254 salta. Todas las variantes se refieren a la versión de *Electra*.
255 blanca
256 talar

en la tarde que espera luminosa!
¡fugitiva sandalia arrebatada,
ténue[257], bajo la túnica de rosa!

★　　★　　★[258]

¡*Fiesta de Abril que*[259] al corazón esconde
amargo pasto, la campana tañe! . . .[260]
¡*Fiesta de Abril!* . . . *Y el eco responde*[261]
un nunca más[262] que dolorido plañe.
Tarde vieja en el alma *y virgen: miente*[263]
el agua de tu gárgola[264] riente,
la fiesta de tus bronces de alegría;
que en el silencio turbio de mi espejo
ríe[265], en mi ajuar ya viejo,
la grotesca ilusión. Lejana y fría
sombra talar, en el Abril de Ocaso
tu doble *vuelo*[266] siento
fugitivo, *y el*[267] paso
de tu sandalia equívoca en el viento.

Tierra baja[268]

El sueño bajo el sol que aturde y ciega,
tórrido sueño en la hora de arrebol;
el río luminoso el aire surca;
esplende la montaña;
la tarde es *polvo y sol*[269].[270]

---

257 Errata sin corregir.
264 siento el agua de gárgola
265 Errata sin corregir.
264 siento el agua de gárgola
265 Errata sin corregir.
266 ,alado,
267 vagar, y el tenue
268 En *Electra*, 6, 21-IV-1901, se titula DEL CAMINO. En *Soledades. Galerías. Otros poemas*: VIII.
269 En *Electra*: bruma y polvo y fuego y sol.
270 Separación estrófica.

El sibilante caracol del viento
ronco dormita en el remoto alcor;
emerge el sueño ingrave en la palmera,
luego se enciende en el naranjo en flor.[271]
La estúpica cigueña
su garabato escribe en el sopor
del molino parado; el toro abate
sobre la hierba su testuz feroz.[272]
La verde, quieta espuma del ramaje
efunde sobre el blanco paredón,
lejano, inerte, del jardín sombrío
dormido bajo el cielo fanfarrón.

....

Lejos, *en frente*[273] de la tarde roja,
refulge el ventanal del torreón.

....

La mar alegre[274]

El mar hierve y canta . . .
El mar es un sueño sonoro
bajo el sol de Abril.
El mar hierve y ríe
con olas azules y espumas de leche y de plata,
el mar hierve y ríe
bajo el cielo azul.
El mar lactescente,
el mar rutilante,
que ríe en sus liras de plata sus risas azules . . .
Hierve y ríe el mar! . . . */(2)*[275]

---

271 Separación estrófica.
272 Separación estrófica.
273 En la "Fe de erratas" (1903) se corrige: enfrente
274 VII
275 Cambio en el orden de las estrofas. El nuevo publicado en 1907 queda
    establecido por los números que aparecen entre paréntesis.

El aire parece que duerme encantado
en la fúlgida niebla de sol blanquecino.
La gaviota palpita en el aire dormido, y al lento
volar soñoliento, se aleja y se pierde en la bruma de[276] *sol.* /(3)

El casco roido[277] *y verdoso*
del viejo falucho
reposa en la arena . . .
La vela tronchada parece
que aun[278] *sueña en* el sol y en el mar[279]./(1)

A través del ambiente calino
la lancha de pesca se acerca á la orilla,
entre olas azules y espumas de plata y de leche,
su velita hinchada
de viento y de luz.
En las redes de cuerda
se agita el elástico enjambre marino,
luciente maraña,
montón palpitante
que rinden las ondas alegres entrañas del mar.

Canta el mar, bajo el sol, en sus liras azules
sus risas de plata y de leche.
Canta Abril, sobre el mar,
con su fúlgido sol blanquecino.
En el tórrido Abril,
bajo el sol y el azul, sobre el mar rutilante
canta el pescador . . .[280]

276 del
277 Errata sin corregir.
278 Errata sin corregir.
279 en el sol y el mar
280 Estas dos últimas estrofas desaparecen en la edición de 1907.

HUMORISMOS[281]
LOS GRANDES INVENTOS

La noria

I
La tarde caía
triste y polvorienta.
El agua cantaba
su copla plebeya
en los *canjilones*[282]
de la noria lenta.[283]
Soñaba la mula,
¡pobre mula vieja!
al *compas*[284] de su sombra
del cristal que sueña.[285]
La tarde caía
triste y polvorienta.

II
Yo no sé *que*[286] noble,
divino poeta,
unió á la amargura
de la eterna rueda,[287]
la dulce *harmonía*[288]
del agua que sueña,
y vendó tus ojos,
¡pobre mula vieja! . . .[289]

---

281 HUMORISMOS, FANTAASÍAS, APUNTES
282 cangilones
283 Separación estrófica.
284 compás
285 que en el agua suena. Separación estrófica.
286 qué
287 Separación estrófica.
288 armonía
289 Separación estrófica.

Más[290] *se*[291] que fué un noble
divino poeta,
corazón maduro
de sombra y de ciencia.

El cadalso

I[292]
La aurora asomaba
lejana y sinietra.[293]
El lienzo de Oriente
sangraba *trajedias*[294],
pintarrajeadas
con nubes grotescas.
....
En la vieja plaza
de una vieja aldea,
erguía su horrible
pavura esquelética
el tosco patíbulo
de fresca madera...[295]
La aurora asomaba
lejana y siniestra.

*La muerte

Aquel juglar burlesco
que, á son de cascabeles, me mostraba
el amargo retablo de la vida,
hoy cambió su botarga
por un traje de luto y me pregona
el sueño alegre de una alegre farsa.

290 Mas
291 sé
292 Numeración omitida.
293 Separación estrófica.
294 tragedias
295 Separación estrófica.

Dije al juglar burlesco:
queda con Dios y tu retablo guarda.
Mas quisiera escuchar tus cascabeles
la última vez y el gesto de tu cara
guardar en la memoria, por si acaso
te vuelvo a ver, canalla! . . .

Glosa

Nuestras vidas son los ríos
que van á dar á la mar,
que es el morir[296]. ¡Gran cantar![297]
Entre los poeta míos
tiene Manrique un altar.[298]
Dulce gozo del vivir:
mala ciencia del pasar,
ciego huir á la mar.[299]
Tras el pavor del morir
está el placer de llegar.[300]
¡Gran placer!
Mas ¿y el horror de volver?
¡Gran pesar!

---

296 En el original estos versos figuran en cursiva para indicar que su autoría se debe
   a otro poeta.
297 Separación estrófica.
298 Separación estrófica.
299 Separación estrófica.
300 Separación estrófica.

ÍNDICE ALFABÉTICO DE TITULOS DE POEMAS Y PRIMEROS VERSOS